The Unique World

方　寸

方寸之间　别有天地

U0125830

日本車は
生き残れるか

〔日〕桑島浩彰　　〔日〕川端由美　　著

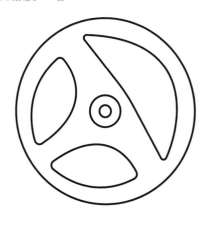

车到
山前

曹逸冰 —— 译

全球产业变革
与日本汽车的未来

社会科学文献出版社
SOCIAL SCIENCES ACADEMIC PRESS (CHINA)

目　录

前　言

■ 川端由美

GDP 占比约 10% 的重量级行业

"日本汽车行业是不是要垮了？"

不知从何时起，这样的言论层出不穷。

毋庸置疑，汽车行业与重工业、电器电子业都是日本战后经济复苏的核心动力，而在重工业和家电制造业不断衰退的当下，汽车行业更是成为日本经济的一大支柱。日本汽车工业协会（Japan Automobile Manufacturers Association, JAMA）的统计数据显示，汽车制造业的制成品出货总额为 62.304 万亿日元，约占 GDP 的 10%。汽车制造业在制造业出货总额中的占比高达 18.8%。汽车相关行业的从业者足有 542 万人之多（截至 2018 年）。

这样一个占日本 GDP 约 10% 的重量级行业岂会轰然崩塌？何况在新冠疫情背景下，以丰田为首的部分车企销量依然逆势增长，因此也有许多业内人士和专家断言"汽车行业的危机是子虚乌有"。

真相究竟如何？一言以蔽之，日本的汽车行业不会说垮就垮，但游戏规则将发生剧变。唯有适应新规则的企业才能幸存。

变革的关键词

那么游戏规则将如何改变呢？在此先简单叙述一下。

变革的关键词是近几年横扫世界的"CASE 革命"[1]。CASE 由 Connected（网联化）、Autonomous（智能化）、Shared/Service（共享化 / 服务化）、Electric（电动化）的首字母组合而成。在 2016 年的巴黎车展上，时任戴姆勒[2]董事会主席的迪特·蔡

1　中国一般称为"汽车新四化"。——译者注

2　目前戴姆勒股份公司（Daimler AG）已正式更名为梅赛德斯－奔驰集团股份公司（Mercedes-Benz Group AG）。——译者注

澈（Dieter Zetsche）在演讲中提到了这一概念，就此流传开来。[1]

日本汽车行业的从业者往往更关注 E（电动化）和 A（智能化）的研发工作，可若把 C、A、S 和 E 放在同一个维度去审视，就有可能误判问题的本质。

CASE 的重中之重在于通过 C（网联化）将汽车整合到物联网（Internet of Things，IoT）的框架中。车（"物"）一旦接入互联网，它周围的世界就会发生翻天覆地的变化，而这正是汽车行业剧变的起点。

电脑原本只是自动化办公设备，接入互联网后才催生出了以 GAFA[2] 为首的无数 IT 企业。智能手机（相当于将电话接入互联网）的出现，则催生了无数应用程序和服务商。我们应该在这一语境下看待当前的汽车行业。

汽车将接入互联网。汽车正在经历的是 E 和 A，目前这还是两种相对独立的车载技术。但是在今后，像电脑和智能手机一样，"接入互联网的车"将催生无数全新的服务（移动出行服务），其

1　国外更常用的说法是"ACES"（Autonomous, Connected, Electric and Shared Mobility），但本书将使用在日本普及度更高的"CASE"。——原注。本书中无特别标明的均为原注。

2　谷歌（Google）、亚马逊（Amazon）、Facebook 和苹果（Apple）。

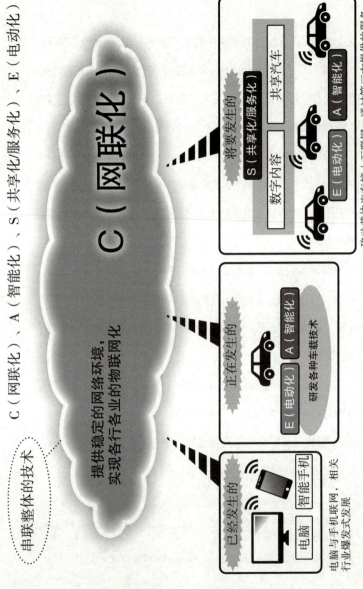

C（网联化）、A（智能化）、S（共享化/服务化）、E（电动化）

串联整体的技术

C（网联化）

提供稳定的网络环境，实现各行各业的物联网化

已经发生的

电脑　智能手机

电脑与手机联网，相关行业爆发式发展

正在发生的

E（电动化）　A（智能化）

研发各种车载技术

将要发生的

数字内容　S（共享化/服务化）　共享汽车

E（电动化）　A（智能化）

移动载体汽车接入互联网，通过第三方提供的服务，实现移动出行行业的爆发式发展

©Yumi Kawabata

CASE 的真正含义

中之一便是以优步（Uber）为代表的网约车服务（ride-hailing service）。在这一语境下推敲一番，就不难理解 GAFA 等 IT 巨头为何齐齐布局汽车行业了。

在这股大潮下，汽车将演变成物联网中的"物"，届时将有巨大的出行服务市场相继诞生。

请读者朋友们先牢记这一点。

日本车企是否在"脱碳"领域迟了一步？

CASE 已是不可逆转的时代大潮。那么这场剧变会带来怎样的结果呢？

答案当然不止一个，但我认为最重要的一点是：我们正在从传统的"基于自企技术开拓新业务"迈向"基于社会问题开拓新业务"。

2021 年 1 月，当时的日本首相菅义伟在国会的施政方针演讲中宣布"要在 2035 年之前实现日本国内销售新车 100% 电动"，在业界掀起轩然大波。其实早在 2020 年 10 月，菅首相就曾宣布"要在 2050 年前实现碳中和，打造温室气体整体零排放的脱碳社会"，点名汽车行业也算是实现上述目标的具体措施之一。

自呼吁携手遏制气候变化的《巴黎协定》于 2015 年通过以来，

欧美与中国一直热衷实现碳中和[1]，集地区与国家之力推进汽车的电动化和替代燃料的使用。这些年来，汽车行业也为此推出了各种举措（详见本书第一章）。车企纷纷从碳中和、化石燃料的耗竭等"社会问题"出发，思考什么样的业务才是有需求的，并提前布局。换言之，这一趋势显然已不可阻挡。

不仅如此，汽车行业近年的新动向其实都源于社会问题。比如为解决人口减少导致公共交通司机短缺而产生的自动驾驶技术，还有个人拥车极限催生的新业态"共享汽车"。也正因为如此，欧美与中国的车企才没有拘泥于自家的技术，而是选择与竞争对手合作或积极开展并购（详见本书第二章到第五章）。

那日本呢？在制造业这一维度，日本车企仍拥有领先世界的技术。但由于过度专注于自企的生产技术，日本车企也许缺了那么一点基于社会问题构思新业务的视角，所以菅首相"突然"宣布要大力发展电动汽车时，业界才会陷入恐慌。

如果企业的管理层仍未摆脱以制造为导向的思维模式，就很有可能号召员工"赶紧研发电动技术"，害得工程师们通宵达旦埋头研发，在不符合时代大潮的道路上越走越远。日本车企迫切

1　carbon neutrality，控制导致全球变暖的二氧化碳的排放量，并通过植物吸收等途径使二氧化碳被抵消掉，达到相对"零排放"。

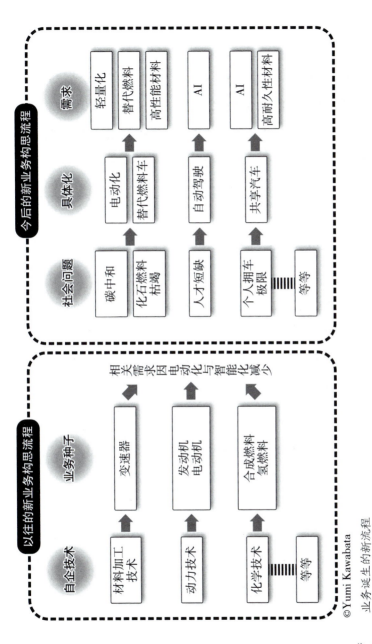

©Yumi Kawabata

业务诞生的新流程

从"基于自企技术开拓新业务"迈向"基于社会问题开拓新业务"

需要的并不是卓越的电动技术，而是对"管理层察觉不到社会问题（或者是察觉到了，但因自企的地位骄傲自满，不以为意），长期忽视真正需要大力研发的领域"这一现象的反省（其实电动汽车所需的各项技术都是日企擅长的领域。第一章也会涉及这部分内容）。

丰田社长的弦外之音

"日本汽车工业协会已决定尽最大努力配合政府，为在 2050 年前实现碳中和尽一份力。然而，在没有革命性技术突破的前提下，我们对前景并不乐观，除非整个供应链都参与进来，否则日本车企极有可能失去竞争力。希望日本政府提供与欧美和中国同等力度的政策和财政支持。"

日本汽车工业协会主席、丰田汽车社长丰田章男[1]在 2020 年 12 月发表上述声明，对菅首相的"2050 年碳中和宣言"做出了回应。日本汽车行业上上下下的殷切期盼溢于言表。若仅仅是研发电动技术或电动汽车产品，丰田这个级别的大企业说不定还能以一己之力

1　2023 年 6 月，丰田汽车社长变更为佐藤恒治。——译者注

攻克难关，然而，此刻要解决的是"全球环境问题"这一重大社会课题，日本也必须和欧美、中国一样，通过国家和行业的共同努力开辟一条崭新的道路，否则日本汽车行业定会失去全球竞争力——这就是丰田社长的弦外之音。

说回前言开头提出的问题：日本的汽车行业是会通过国家和行业的共同努力，继续做日本经济的顶梁柱，还是会跟不上游戏规则的变化，逐渐丧失竞争力，土崩瓦解？本书将梳理全球汽车行业的最新动态，剖析日本汽车行业的当务之急。

本书的结构

看到这里，也许会有读者发问："危言耸听了半天，你到底是什么来头？"请允许我们两位作者在前言的最后做个简单的自我介绍，并粗略交代一下本书的结构。

本书由我（川端由美）和桑岛浩彰合作完成。

我是一名有工程师背景的记者，擅长从技术和工程学角度审视新的汽车技术和全球环境问题，还以"战略创新专家"的身份为复杂的工程学世界和商界新机遇牵线搭桥。另一位作者桑岛拥有哈佛大学工商管理硕士（MBA）学位，多年来潜心研究全球企业转型与创新的相关案例，目前在硅谷从事企业战略顾问工作，持续关注全球汽车和零部件制造产业的动向。

本书的第一章由我执笔，深入探讨了"CASE 革命"会如何改变汽车行业，以及由此产生的结果。接下来的第二章到第五章则由桑岛负责，他将生动描写美国（第二章与第三章）、欧洲（第四章）和中国（第五章）的汽车行业是如何在第一时间跟上了 CASE 的步伐的。其实欧美和中国的车企也在拼命转变，只是日本媒体很少报道这方面的细节。它们采取种种大胆的行动，时而与对手结盟合并，时而转让优良资产与盈利部门，而这些举措也从侧面反映出日本汽车行业的反应之慢。

在本书最后的第六章，我将毫无保留地写出日本汽车行业的现状，点破迟迟无法改变的原因，阐明今后需要做些什么。

为避免误会，我们要先声明一点：写这本书并不是想捧高踩低，强调欧美国家有多厉害，日本又有多落后。恰恰相反，我们由衷希望日本的汽车行业能够尽快摆脱垂直整合至上主义，将水平整合也纳入视野，以此为基础，孕育出生产制造之外的附加价值，继续做"日本经济的顶梁柱"。

日本汽车行业仍有一战之力。

第一章
汽车行业的未来走向

■ 川端由美

"百年一遇"的剧变

咚……咚……巨人狂奔不止，脚步声震天动地。前方忽现一条断头路，尽头便是悬崖。继续向前冲，就会一头栽进万丈深渊。悬崖四周竖着好几块醒目的警示牌，上面写着"危险！脱碳！""注意CASE！"等，巨人却视若无睹，直直冲向悬崖。

"当心啊！"

面对旁人的大声提醒，巨人如此作答："怕什么！我就是靠自己的法子发展壮大起来的，按老套路来准没错！"

如果把现阶段的日本汽车行业比作巨人，便是这样一种情景。

以下内容与前言略有重复，但事关重大，请允许我再强调一下。

2015年联合国气候变化大会中通过的《巴黎协定》提出了

"将全球平均气温上升幅度控制在 1.5℃以内"这一目标。作为回应，德国联邦议院在 2016 年通过决议，将在 2030 年前停止销售传统燃油汽车。法国也在 2017 年宣布将在 2040 年前禁售燃油汽车。英国前首相鲍里斯·约翰逊（Boris Johnson）也在 2020年表示，将在 2035 年前禁售燃油汽车，后来还将时限提前到了2030 年。

虽然美国在前总统唐纳德·特朗普（Donald Trump）的带领下退出了《巴黎协定》，但加利福尼亚州已经明确了在 2035 年前禁售燃油汽车的方针。众所周知，新总统乔·拜登（Joe Biden）一上任就宣布美国将重新加入《巴黎协定》。中国也表示要在 2035年之前将新能源汽车[1]的销售占比提高到 50%。

那日本呢？在 2021 年菅义伟首相发表声明之前，日本只设定了一个"目标值"：在 2030 年之前将燃油汽车的销售占比降低到30%~50%。与世界各国相比，这似乎是一个相对"宽松"的数值。2019 年 JAMA 的统计数据显示，日本当年售出 430 万辆新乘用车，但电动汽车不过 2 万辆，不到总数的 0.5%。现实摆在眼前，单靠普及电动汽车来实现这一目标恐怕难于登天。正如前言所说，日本

1　包括电动汽车和插电式混合动力汽车（混动汽车）在内的非燃油汽车。

的汽车行业在环保和 CASE 这两方面都远远落后于世界各国的竞争
对手。

电动化将改变整条供应链

为什么日本会落后至此？要想解开这个疑问，不妨将视线投向
另一个汽车大国——德国。德国早在 2010 年就制定了为电动化服
务的长期计划，政府与车企也携起手来切实推进计划落地，甚至不
惜调整产业结构。2018 年推出的"国家电动出行平台"[1]也考虑到了
未来的出行电动化，并为此成立了专家委员会，在第一时间将产业
结构框架的转型纳入视野。电动化自不用说，自动驾驶、智慧互联、
替代燃料和交通系统等领域也包括在内。

然而电动化问题没有那么简单，不是推广混动汽车和电动汽车
就能皆大欢喜的。传统的汽车行业呈金字塔结构，以丰田、本田等
整车制造商为顶点，下面则依次是一级供应商（Tier 1）、二级供应
商（Tier 2）等。汽车的电动化意味着整条供应链的大幅重组，除了
整车制造商，为成品车提供零部件的供应商也会受到影响。

1　后合并为"国家未来出行平台"（National Platform Future of Mobility）。

长久以来，车企（尤其是整车制造商）通过保有"大批量生产发动机"的能力提高了进入市场的门槛，并通过量产规模效应获得了巨大利润。此外，车企还通过凸显发动机的个性实现差异化，精心塑造品牌，孕育出了奢侈品属性等附加价值，使汽车超越了出行工具的范畴。随着电动化的发展，"如何实现差异化"会演变成一个重要的课题。

　　此外，电池的成本将是电动化进程中的一大关键。技术层面离不开控制高电压的技术，即所谓的电力电子技术（power electronics）。欧洲车企的电动汽车将电池电压从传统的400伏提高到了800伏，并将辅助设备的电压从12伏提高到了48伏。电压一旦升高，就需要效仿家电行业采取防干扰措施。当年随着微波炉和大尺寸彩电的普及，普通家庭的用电功率急剧上升，以至于家电制造商不得不采取措施，避免电器之间相互干扰。同样的现象也会出现在汽车行业，而这也将推高电动化的相关成本。

　　油车换电车的冲击如此巨大，足以从根本上改写汽车行业的结构。

德国：以公私合作推动产业结构调整

毫无疑问，单"电动化"这一项就足以改变整条供应链，但这也不过是冰山一角。

为什么这样说？

如前言所述，C（网联化）至关重要。随着 4G LTE、5G 等通信基础设施的发展，"汽车"这种高速移动的物体在不远的未来也能稳定接入互联网。原本独立（stand-alone）在互联网外的汽车进入网联化的世界，势必会导致更大的变革。用户当然想在驾驶期间安全使用他们平时能通过智能手机实现的各种方便的功能，而车企也不得不应对这一需求的高涨。这会带来怎样的结果呢？

在物联网的商业模式之下，原本位于巨大金字塔顶端的整车制造商会沦为"oT"，远超其影响范围[1]的"互联"领域则会应运而生。那是一个基于互联网的巨大市场，包括通信基础设施、平台、车载操作系统、中间件[2]和数字内容等。以 GAFA 为首的 IT 企业之所以纷纷布局汽车行业，原因就在下面这张图里。

1　"电动化""自动驾驶"等车载技术领域。

2　在操作系统和应用程序之间发挥桥梁作用的软件。

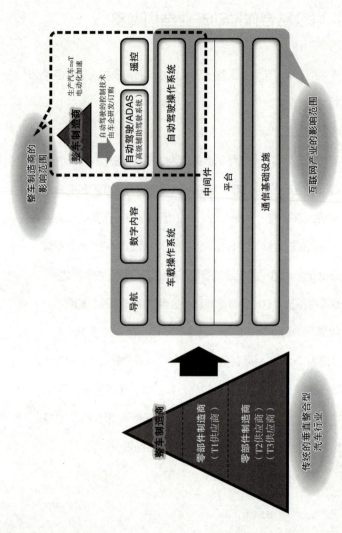

从垂直整合到水平分工

©Yumi Kawabata

位于汽车行业金字塔顶端的整车制造商在IoT世界的定位不过是IoT而已。非车企（以IT企业为主）相继进军，围绕受互联网产业影响的领域打响激烈的主导权争夺战。

德国是最先捕捉到这一趋势的国家之一。

德国政府预料到了汽车行业的一系列结构性变化，决定与本国车企通力合作，一鼓作气改革产业结构，为即将到来的电动化、网联化时代做好准备。

2019 年 11 月，全球最大的汽车制造商大众集团宣布要将其位于萨克森州的茨维考工厂彻底改造成电动汽车工厂。当时的德国总理安格拉·默克尔（Angela Merkel）也莅临发布会，并在会上朗声宣布："德国将在新一代电动化出行领域继续引领汽车行业的发展。"锂电池是电动汽车不可或缺的组成部分。虽然欧洲各国在锂电池的研发方面稍稍落后，但也并非全无动作。比如，有部分德国制造商邀请中国最大的电池制造商宁德时代新能源科技（下文简称"宁德时代"）、韩国的 LG 化学等擅长研发电池的亚洲企业在其生产基地附近设厂，以促进就业。

此外，德国历来注重可再生能源的发展，这也是针对原民主德国地区的产业援助措施的一部分。以太阳能为首的可再生能源已经占到德国能源总量的 30% 左右，若能将这些能源用于生产电动汽车，那便是一举两得（德国汽车行业的结构转型详见第四章）。

部分企业的淘汰与重组不可避免

我在本章的开头将日本汽车行业比作"巨人",是因为其辐射范围非常大。请大家细看"传统的垂直整合型汽车行业"金字塔模型。若是搞电动化,要从汽油或柴油发动机(内燃机)技术转攻电动出行技术,家底厚的大型整车制造商和零部件供应商也就罢了,人力和资本都极其有限的小型制造商怕是招架不住。

只用化石燃料的车辆一旦遭禁,发动机和变速箱使用的零部件就没有了用武之地。生产发动机零件(如活塞环、气门弹簧和燃油泵)的企业也不得不调整旗下的业务。

"在没有革命性技术突破的前提下,我们对前景并不乐观。除非整个供应链都参与进来,否则日本车企极有可能失去竞争力。"以 JAMA 主席的身份发言时,丰田章男以相当强烈的语气表达了担忧。他一再强调,丰田汽车将从"车辆制造企业"转型为"移动出行企业"。这都是因为丰田也逐渐认识到了产业结构转型的规模之大与速度之快,以及其后续影响是多么可怕。

但是，大规模的产业结构转型势必会引起企业的淘汰与重组。

以德国为例。二战前，德国约有200家车企，经过多年整合，如今只剩下三家，即大众[1]、戴姆勒[2]和宝马[3]。

日本目前虽有八大整车（乘用车）制造商，但大发、斯巴鲁、马自达和铃木已被丰田收入麾下，日产和三菱则在外资企业雷诺旗下，本田保持独立。如前所述，这些品牌之所以能幸存至今，关键在于它们有自行研制发动机的能力。这一直是整车制造商的首要优势，也是阻挡其他公司的一大壁垒，更是宝贵的利润来源。但是，电动汽车与CASE的浪潮将冲走它们最大的竞争优势。

从垂直整合到水平分工

粗略来讲，电动汽车有三个主要组成部分。最受关注的往往是电动机和锂电池，因为它们是向轮胎传输动力的驱动系统，但用于

1　全球头号汽车制造商，旗下有奥迪、兰博基尼和保时捷等品牌。

2　旗下最著名的品牌是奔驰。

3　旗下最著名的品牌是劳斯莱斯。

变换控制电能的电力电子装置（如 DC-DC 转换器、逆变器）也非常重要。

其实上述技术中有不少处于日企擅长的领域。尼得科[1]有全球领先的电动机技术，而电力电子技术本就广泛应用于空调、洗衣机等家电。锂电池则是索尼为压缩摄像机体积而研发的，松下（三洋电机）、东芝和索尼等电器巨头都在该领域深耕多年。换言之，就个别技术而言，日本仍有一战之力。

可若是安于现状，日本汽车行业的金字塔结构与垂直整合型产业链定会全面崩盘。也许有部分企业可以幸存，但结构本身的土崩瓦解无可避免。如前言所述：

> 日本的汽车行业不会说垮就垮，但游戏规则将发生剧变。唯有适应新规则的企业才能幸存。

大家不妨回顾一下日本家电行业这些年经历的风风雨雨。日本的家电厂商曾和车企一样活跃在世界大舞台上，是日本经济的主要驱动力之一，却在 20 世纪 90 年代到 21 世纪初因中韩两国

1　即日本电产，2023 年 4 月更名。——译者注

厂商的冲击日渐式微，想必大家对此还记忆犹新。日本家电行业被迫重组的原因之一，正是生产一线从"垂直整合"（vertical integration）逐步转型为"水平分工"（horizontal division）。所谓"垂直整合"，就是从产品研发到生产销售的所有环节均由一家企业或集团掌控。"水平分工"则是另一种商业模式，自企只研发设计产品的核心部分，其余的生产销售业务则外包出去。苹果就是后者的典型，将 iPhone 的生产外包给了世界各地的制造商，自己则专注于研发和设计新产品，扩充 iPhone 平台上的服务。

去中国深圳走走看看，就能切身体会到家电行业分成了无数层，好似千层饼。哪怕自家没有工厂，生产制造也不成问题。图纸、模具、基板、部件、装配……每一道工序都能选择独立的企业分别下单。这就是初创企业在中国甚至日本都遍地开花的原因，而拘泥于垂直整合模式的日本家电巨头则因此走向衰败。

颠覆者特斯拉

席卷家电行业的水平分工浪潮也在逐步改写汽车行业。

将电动汽车分成电动机、电力电子装置、锂电池、传动装置等若干核心部件，分别向不同的企业订购，然后全部安装在底盘（车体）上，便成了一辆车。结构之简单，与遥控玩具车有一拼。

最先将这种水平分工模式引入汽车领域的公司就是闻名世界的特斯拉。截至 2021 年 3 月，特斯拉的市值已达 5700 亿美元，远超大众、丰田等车企巨头。

2003 年刚成立时，特斯拉从美国电动汽车初创企业 AC Propulsion 处获得了动力总成系统的技术授权。英国车企路特斯（Lotus）提供的 Elise 底盘也被用于特斯拉 Roadster。特斯拉从世界各地采购了电动机等零部件，再逐一组装——这就是特斯拉传奇的起点。

我曾先后三次采访特斯拉创始人埃隆·马斯克（Elon Musk）。事实上，他并非坊间盛传的汽车发烧友。"创办专注电动汽车的特斯拉以解决全球环境问题"才更接近他的初衷。

"关键在于解决社会问题，实现可持续发展。要解决人类的问题、全球环境问题和出行问题，这一步必须要走！"马斯克在采访中反复强调这一点，态度之坚决让人印象深刻。2021 年 1 月，他力压亚马逊创始人杰夫·贝索斯（Jeff Bezos），登上世界首富宝座（资产多达 1948 亿美元）。在我看来，成立不到 20 年的特斯拉之所以能实现长足的发展，正是因为马斯克在提炼商业理念时立足于社会问题，对汽车需要在未来实现的网联化、智能化和电动化等问题的认知也领先他人。

四大领域之争

GAFA 也对包括电动化等板块在内的汽车行业虎视眈眈，一直在观察等待着进军的机会。

2019 年，亚马逊看中了一款新兴电车制造商 Rivian 在洛杉矶车展上展示的 SUV，大手一挥投资了 7 亿美元。Rivian 的概念车"R1S"是一款七座 SUV，最多可配备 1 万块锂电池，以马力强劲为卖点。不过促使亚马逊投资的并非过人的马力，而是电动汽车专用平台[1]。亚马逊认为这种平台潜力无穷，可根据用途灵活运用于运输卡车及各类商业车辆。

"造车"基本上还是车企的"地盘"，但在部分技术领域（如自动化和车辆调度系统），谷歌、优步等企业也在加紧研发。以 IT 企业为首的"局外人"正在纷纷进军制造和车载技术以外的其他领域。

1　将电动机、电池等部件安装在形似滑板的车体上。

这一趋势今后应该会越发显著。

　　除了特斯拉、戴姆勒等车企，连谷歌、优步这样的企业都开始涉足与"汽车"相关的行业与服务了。我们可以依据 CASE 的概念，将移动出行产业分成四大领域：E（电动化）与 A（智能化）=自动驾驶汽车，C（互联化）= AI、云和平台，S（共享化）= 运行，S（服务化）= 数字内容。

　　特斯拉通过 C（AI、云和平台）、E 与 A（自动驾驶汽车）取得了巨大成功。优步在人们的印象里是一家专注"共享"（网约车服务）的公司，但它的发展也离不开 C（AI、云和平台）的力量。

　　辅助驾驶技术是自动驾驶领域的一大焦点。各大企业争相研发自动刹车等助力安全的 ADAS[1]，更为先进的半自动、全自动驾驶的曙光已经初现。

　　"运行"长久以来都是由轨道交通运营商掌控的领域。由于建设基础设施涉及巨额投资，进入壁垒一直很高。但随着互联网和IT 行业的发展，企业能以更小的投资规模进军这一领域了。随着

1　Advanced Driving Assistance System，高级辅助驾驶系统。

MaaS[1]的出现，由轨道交通运营商和其他机构主导的交通运行领域也将成为广义的"移动出行产业"的一部分。

通信基础设施的普及意味着高速行驶的车辆也可以稳定接入互联网。在这样的大环境下，车载数字内容将会发展成一个巨大的市场。智能手机平台上的内容和网上购物自不用论，在车里享受各种各样的内容也不再是遥不可及的美梦。奥迪出资的 VR 初创企业 Holoride 就在研发车载 VR 系统。意大利媒体巨头也有向菲亚特集团旗下车辆提供数字内容的动向。

德国大型零部件制造商大陆集团 2017 年公布的数据称，预计到 2030 年，汽车行业整体销售额将从 2.78 万亿美元增长至 5.5 万亿美元，约等于翻了一番。值得关注的是硬件和软件销售额的增幅：硬件销售额将从 2017 年的 2.47 万亿美元增长至 2.8 万亿美元，基本持平，但软件销售额会从 2800 亿美元激增到 1.2 万亿美元。SaaS[2]销售额也将一口气增长近 50 倍，从 300 亿美元增至 1.5 万亿美元。

1　Mobility as a Service，直译为出行即服务，即运用 IT 技术使交通平台上云，实现轨交、公共汽车与出租车等各类交通方式的无缝串联。

2　Software as a Service，一种软件交付模式，软件通过网络进行销售与交付，无须传统的安装步骤即可使用。

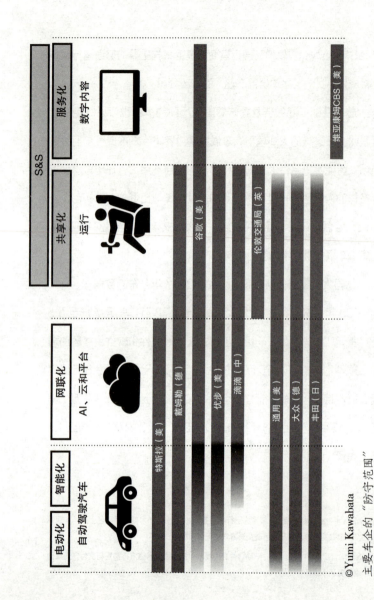

主要车企的"防守范围"

在出行服务的价值链中，传统车企能涉足的仅限于硬件制造与车载技术？还是……

汽车行业整体销售额的重心将从硬件转移至软件

©Yumi Kawabata

20世纪60年代	20世纪90年代	2017年	2030年
约1千亿美元	约1万亿美元	约2.78万亿美元	约5.5亿美元

©Yumi Kawabata（根据大陆集团2017年资料制作）

汽车行业整体销售额的重心将从硬件转移至软件

空洞无力的反驳

在业内人士的聚会上发表这方面的观点时，我总会遭到这样的反驳：

"家电的零部件少，产业结构也简单，跟车没法比。汽车行业的供应链是很复杂的，涉及的技术范围很广，营销和销售技巧也自成体系。说到底，制造汽车、销售汽车终究是车企的地盘。"

"硅谷是个制造业基础薄弱的地区，在这么一个地方稍微发生一点基于软件和 IT 行业的小变化，也不足以撼动汽车行业的整体结构，更不会导致大厦的崩塌。"

事实看上去确实如此，即使在新冠疫情肆虐的 2020 年下半年，日本车企的销量也是一路高歌猛进。日本的汽车行业和垂直整合模式供应链的基础看起来坚若磐石。这些业内人士无视全球趋势，对日本汽车行业的结构重组持消极态度也是情有可原。至少在几年前，这就是日本业内人士的主流观点。

谁知在 2018 年，风云突变。在那一年的国际消费类电子产品展览会（Consumer Electronics Show, CES）[1]上，丰田章男社长亲自上台发言，宣布丰田汽车将致力于重组汽车行业，告别传统的商业模式。

"我已经决定将丰田从车辆制造企业转型为移动出行企业，助力各种出行需求。

"技术在飞速进步，汽车行业的竞争日益激烈。在某天夜里我忽然意识到，我们的竞争对手将不再只是车企，还有谷歌、苹果、Facebook 这样的企业。毕竟我们最初也不是从生产汽车起

1　全球最大的家电 IT 展会，每年于美国的拉斯维加斯举办。

家的。"

丰田社长的"警告"很是中肯。问题是，日本汽车行业的从业者和公众又能听进去多少呢？大众已经宣布，将向竞争对手福特供应电动汽车平台。戴姆勒也已明确方针，将在全球销售"梅赛德斯－奔驰"品牌的定置式蓄电池。

拆解垂直整合体系，与世界相抗衡，挑战全新的业务……日本的整车制造商和供应商有没有做好相应的思想准备？

单靠车已经赚不到钱了

下面这组耐人寻味的数据告诉我们，汽车已逐步沦为"无利可图的商品"。由于汽车纷纷搭载与自动驾驶技术相关的高精度传感器与功能，外加各种通信设备，其成本迅速升高。再加上近年来原材料价格飞涨，法规[1]也越发严格，汽车的成本是直线上升。

根据 Fiat Group World[2] 在 2019 年给出的数据，营业利润率最高的整车制造商是法拉利（23.2%），单车利润超过 1000 万日

1　如碰撞安全标准和排放标准。

2　非亚特克莱斯勒的非官方网站，内容涉及全球趋势、市场研究、数据分析等。——译者注

元，在业界遥遥领先。排名第二的是中国的吉利汽车（9.9%），第三是丰田汽车（8.5%），第四到第十一依次是宝马、五十铃、大众、铃木、PSA[1]（旗下有标致和雪铁龙）、斯巴鲁和沃尔沃。斯巴鲁的单车利润约为 35 万日元。放眼日本制造商，日产、三菱和马自达的单车利润均大幅下降。

今时今日，单单造车卖车已经赚不到钱了。因此，汽车行业只有一条路可走——尽快做好准备，拥抱以 C（网联化）为首的巨大新市场，认清竞争领域和合作领域，以最快的速度拿起自己的武器杀入战场。

几年前，一位记者前辈说起过这么一件事。

> 我去采访某家电制造商大领导的时候，对方一通豪言壮语："就按现在这个路子走，想输都难啊！"谁知没过几年，那家制造商就没落了，惨遭外国资本收购……

绝不能让家电行业的悲剧在汽车行业重演。

1　Peugeot Société Anonyme，标致雪铁龙集团。

全新的游戏规则

让我们简单总结一下之前提到的"汽车行业新规则",为第一章画上句号。

关键的改变有以下五点。第一,汽车将被整合到物联网中,成为电脑和智能手机那样的"oT"。长久以来,车企(尤其是整车制造商)坚信"只要造出好车就行"。这种态度往好了说是追求专业,有工匠精神,往坏了说就是冥顽不灵、桀骜不驯。然而,行业的观念正从"把网连上车"倒向"连上网的车"。一旦连上网,按"自己的规矩"肆意造车的整车制造商也许就不得不按照 GAFA 等 IT平台制定的规则来了。

2021 年 2 月,彭博社报道称苹果在为其研发的自动驾驶汽车"Apple Car"物色造车的"供应商",日本车企也在候选名单之中。若真有这么一天,日本整车制造商就成了供应商。在这件事里,苹果无异于迫使日本车企"打开国门"的黑船[1]。

1　1853 年,美国海军准将马修·佩里率舰队驶入江户湾浦贺海面,带着当时的美国总统米勒德·菲尔莫尔的国书向江户幕府致意,双方于 1854 年签订条约,日本开放下田、函馆两个港口通商。此事件一般被视作日本历史幕末时代的开端。——译者注

第二，产业结构将从垂直整合走向水平分工。采用外包生产和无厂模式[1]的汽车制造商（例如早期的特斯拉）相继诞生。这一趋势在电动汽车初创企业中尤为显著，因为电动汽车不需要燃油车那样的大规模投资。虽然设计、营销等品牌相关的内容及底盘的生产、执行器[2]的控制等涉及驾乘体验的部分往往由企业自主把控，但也有一些企业将研发、设计等最核心的部分都外包了出去。

第三，得数据与软件者得天下。在 GAFA 兴起后，各行各业都认识到了"数据就是新时代的石油"（Data is the new oil.）[3]，连接着无数"矿脉"。

耐人寻味的是，如果我们站在"电动化"这个角度去拆解整个汽车行业，就会发现曾经不过是"承包商"的部分零部件制造商似乎能够比整车制造商发挥出更重要的作用。这是因为长久以来，零部件制造商需要应整车制造商的要求提供各种各样的解决方案，以至于大型零部件制造商聘用了大量的软件工程师，同时不断推进与周边产业和初创企业的合作。

---

1 没有工厂的制造商将其开发的产品外包给他人生产，以自企品牌销售。

2 将能量转化为物理运动的装置。

3 出自英国著名数学家克莱夫·汉比（Clive Humby）。——译者注德国的大型零部件制造商也能在这方面成为日本的榜样（详见第四章）。

博世是全球最大的零部件制造商，其销售总额的 60% 来自汽车部门，旗下同时还有家电和工业设备部门，因此在 AI 开发与 IoT 领域也有领先优势。博世、大陆等德国大型零部件制造商都在收购云计算企业以强化 AI 开发能力，并积极与国内外企业开展合作。

第四，与全球环境问题挂钩的车辆电动化趋势将在未来进一步加速。2019 年，欧盟委员会发布环保战略文件《欧洲绿色协议》（European Green Deal），提出了在 2050 年实现碳中和的目标。其实欧盟之前便已要求车企确保新登记乘用车的平均二氧化碳排放量不得超过 130g/km。从 2020 年起，这一标准下调至 95g/km，变得更为严格，而这几乎是汽油或柴油发动机等内燃机无法实现的数值。这正是大众、戴姆勒、宝马、雷诺等车企全力研发生产电动汽车的原因。

第五，从"基于自企技术开拓新业务"转为"基于社会问题开拓新业务"。在以往的商业环境下，侧重生产制造的业务开发流程并无不妥。但今时不同往日，如今再从自企的技术和产品出发，新业务就极有可能无处落脚。因为以 GAFA 为首的 IT 企业在开拓业务时非常注重用户体验，推出了各种便利的服务，而用户早已习惯了这些服务带来的便捷。

　　静下心来审视这五条新规则，就不难发现日本汽车行业死死抓着不放的大多数规则都已落后于时代。当然，这并不意味着日本的整车制造商和零部件制造商的运作方式就是完全错误的，我也无意唱衰日本汽车行业，说未来注定是一片黑暗。

　　总而言之，日本的汽车行业今后应致力于创造"既可扩展又可持续"的业务。说得再具体些，就是"基于社会问题思考业务的理想形态与发展方向"，并"创造社会需要的、有意义的、人们想要的服务"。要实现这一目标，关键在于"不拘泥于自家的技术与产品"，将"积极与外部开展合作（包括兼并收购）"纳入选项。

　　之后的章节将结合实例，带大家领略各国车企的内部重组之路。

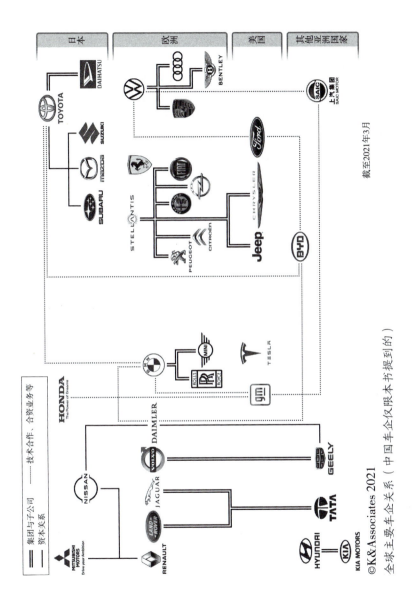

全球主要车企关系（中国车企仅限本书提到的）

©K&Associates 2021

截至2021年3月

截至2021年3月

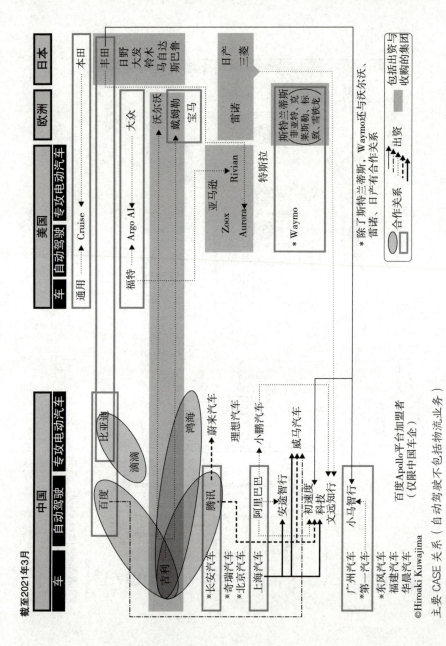

* 除了斯特兰蒂斯, Waymo还与沃尔沃、雷诺、日产有合作关系
* 百度Apollo平台加盟者（仅限中国车企）

出资关系（自动驾驶不包括物流业务）

©Hiroaki Kuwajima

第二章

美国汽车行业的现状①
三巨头的逆袭

■ 桑岛浩彰

通用汽车换标，预示着"电动汽车时代"的到来

也许若干年后，2021 年会因为电动汽车在美国的迅速普及，成为人们记忆中的"电动汽车元年"。

2021 年 1 月，美国第 46 任总统拜登走马上任。早在竞选期间，他就高举"绿色新政"的大旗，主张应对全球变暖，并创造更多的就业机会。他在上任后宣布，要将 65 万辆美国政府机构公务用车全部换成电动汽车，并将充电站的数量增加到 55 万个（目前的 10 倍以上）。考虑到 2020 年美国的电动汽车销量（包括插电式混合动力车）还不到 30 万辆，不得不说这是一个极具野心的目标。

在我（桑岛）居住的加州硅谷，特斯拉已不再稀罕，充电站也是随处可见。由于电池的续航能力有限，再加上价格高昂，人们一

度怀疑电动汽车能否在油车占绝对优势的美国普及开来。不过各大车企都计划在 2021 年到 2024 年于美国市场推出新款电动汽车。

其中最重磅的几款包括福特的"F-150"皮卡、通用汽车的悍马（HUMMER）电动皮卡与凯迪拉克纯电 SUV 锐歌（LYRIQ）。欧洲车企也不甘落后，有戴姆勒的"EQS"SUV、宝马的"iNext"SUV、大众的"ID.4"SUV、奥迪的"eTron"SUV和沃尔沃的"XC40"SUV……全球一流车企同台竞技，好不热闹。"美国的电动汽车 = 特斯拉"的时代将一去不复返。

放眼 2020 年的美股市场，最令人痴狂的一支汽车概念股显然是特斯拉——股价在短短一年内上涨了 743%。不过进入 2021 年后，长期低迷的通用汽车与福特汽车的股价也在持续上升。为在 2040 年实现碳中和，通用汽车宣布在未来五年内加大对电动汽车的投资（270 亿美元），并于 2025 年前在全球市场推出 30 款电动汽车产品。福特也在 2018 年宣布，会在 2022 年前投资 110 亿美元，用于开发电动汽车与省油车。这一系列的努力终于使电动汽车得到了市场的认可。通用汽车甚至在 2021 年 1 月更新了企业品牌标志，换成了更能凸显环保理念的蓝色字体，并承诺在 2035 年前实现所有新款车型的电动化。种种举措，让人有种恍若隔世的感觉。

当然，这些变化并非发生于一夜之间，而是这5年在美国悄然发生的"地壳变动"正缓缓显现在公众面前。接下来的两节将分别聚焦底特律和硅谷，剖析近年来翻天覆地的美国汽车行业。

"汽车之城"底特律迅速复兴

电影《8英里》（*8Mile*）刻画了21世纪初风靡全球的说唱歌手埃米纳姆（Eminem）的前半生。故事发生的舞台就是曾经的"汽车之城"底特律。当时的底特律市区已成贫民窟，是全美最"危险"的地方之一（《机械战警》的舞台也是危机四伏的未来底特律）。

底特律曾是汽车三巨头——福特、通用和克莱斯勒的大本营，靠汽车行业盛极一时，是美国首屈一指的大都市。可惜后来三巨头的业绩不断下滑，底特律也随之衰败，市政府在2013年宣告破产。在某届底特律车展的开幕式上，市长宣布："我们（底特律）现在是全国第二危险的城市了！"观众们齐声欢呼，掌声雷动（本书的另一位执笔者川端目睹了这一幕）。因为这座城市的治安一直都很糟糕，能摘掉"全美最危险城市"的帽子令市民们欣喜若狂。

不过近年来，底特律正在飞速复兴。始于硅谷的数字化转型浪潮带动了当地的汽车行业，使其重获新生。

生产电动汽车及其关键部件电池的工厂在底特律周边拔地而起。备受瞩目的初创企业 Rivian 也将总部搬到了底特律郊区。Rivian 成立于 2009 年，获得了亚马逊等巨头的大额投资，计划自 2021 年起推出电动皮卡、电动送货卡车等产品。

站在生产汽车的角度看，将基地设在底特律是最明智的选择，因为那里有最好的零部件制造商、供应链和人才。

——Rivian 首席执行官（CEO）

R. J. 斯卡林格（R. J. Scaringe）

人才与企业云集的制造业中心底特律再次走到聚光灯下。仅 2019 年和 2020 年，通用、福特和菲亚特克莱斯勒[1]决定投资在底特律周边的金额就不止 100 亿美元。

那就从福特说起吧。

---

1 克莱斯勒在 2009 年破产后被意大利的菲亚特收购，成立菲亚特克莱斯勒汽车。菲亚特克莱斯勒在 2021 年 1 月与法国 PSA 合并为斯特兰蒂斯（Sterantis NV）。

福特：以"智慧城市操作系统"把握主导权

密歇根中央车站是底特律光辉岁月的结晶，也是这座城市没落的写照。因为车站早在 1988 年就结束了其铁路客运使命，却因为建筑过于庞大而无法拆除，沦为巨型废墟。2018 年 6 月，福特收购了这座废弃的车站。经过修缮改造，车站旧址在 2022 年成为自动驾驶和电动汽车的研发中心。福特在车站举办了收购纪念活动，当时的福特 CEO 韩恺特（James Hackett）说：

"我们不能再做一家保守的美国中西部企业了。我们不仅要与传统的汽车制造商竞争，还要与优步、Waymo[1] 这样的硅谷初创企业抗衡。

"硅谷的公司驱动着比特[2]，但我们是一家驱动人的企业。这座密歇根中央车站也许会成为我们的沙山路（Sand Hill Road）[3]。"

———————————

1 谷歌旗下的自动驾驶研发企业。

2 原为"量度信息的单位"，此处引申为"信息"。

3 硅谷路名，投资基金聚集地，此处引申为"创新的摇篮"。

福特斥资10亿美元收购了车站及周边的大片土地。投资规模之大，无异于收购了一座城市加以运用。据说福特将安排数千人（包括自家员工）移居底特律周边，将这个地方用作自动驾驶和电动汽车的前沿研究基地。[1]

我从这项宏伟的计划中读出了福特的气魄。在创业的起点建设基地，为即将到来的自动驾驶和电动汽车大战做好准备——福特家族的第四代，现任董事长比尔·福特（Bill Ford）坚定不移的决心可见一斑。

1903年，他的曾祖父亨利·福特（Henry Ford）就是在这片土地上创办了"福特汽车"。不难想象，当年的底特律洋溢着创业精神，堪称创新的主战场。80多家汽车制造商竞相研发"汽车"，以取代曾经的主流交通工具马车。亨利·福特也不过是其中之一。他从肉类食品加工厂获得灵感，首创流水线装配模式，自1908年起量产福特T型车（密歇根中央车站于5年后开业）。富人专属交通工具就这样走进了千家万户，福特汽车也一跃成为全球出行机动化的领军者。

两次世界大战带来的战时特需使底特律的汽车行业盛极一

1　让人不由得联想到丰田于2020年1月宣布要在静冈县裾野市建设的智慧城市"Woven City"（编织之城）。

时，直至 20 世纪 70 年代发生石油危机。那是三巨头的黄金时代。可惜好景不长，强劲的敌人登上了历史舞台。实惠、省油且质量稳定的日本汽车杀入美国市场，并以雷霆之势席卷全球汽车市场。"游戏规则"的剧变，让享尽荣华的美国三巨头走上了下坡路。

在美国私家车市场，需求量最大的是中型轿车，也正是因为这类车受到日产车的猛烈冲击，三巨头才试图将重心转向利润更高的轻型卡车（SUV、皮卡和小型货车），以杀出重围。

颠覆传统商业模式

在 2008 年的金融危机中，通用与克莱斯勒宣告破产，不得不接受政府注资。对美国人而言，这是惊天动地的大事件。福特通过转让旗下的沃尔沃和马自达奋力筹措资金，总算没有走到"破产"这一步。为打响复兴的第一炮，波音民用飞机集团的前 CEO 艾伦·穆拉利（Alan Mulally）就任福特 CEO，与年仅 38 岁的马自达社长马克·菲尔兹（Mark Fields）通力合作，进行了大刀阔斧的裁员。福特倒是起死回生了，底特律市政府却在 2013 年宣告破产。菲尔兹在 2014 年接替穆拉利就任福特 CEO，但在 2017 年因业绩不振与股价下跌引咎辞职。他的后继者正是重建了老牌办公家具制造商 Steelcase 的韩恺特。

自动驾驶、电动汽车……福特当前的战略都建立在韩恺特的运筹帷幄之上。他也是主打智能出行服务的子公司 Ford Smart Mobility（FSM）的负责人[1]，还在 2016 年至 2017 年主导了对初创企业 Argo AI 和 Chariot 的战略投资，前者专注研发自动驾驶技术，后者则面向通勤者开展共享汽车业务。

韩恺特在这一时期进行的一系列业务重组确实引发了种种争议，不过他将视线投向传统业务（造车卖车）之外，为开拓新的收入来源抢先布局出行服务这一点值得高度评价。

身为史蒂夫·乔布斯的崇拜者，韩恺特预见了"世界会变成什么样"。2018 年 1 月，他在拉斯维加斯的 CES 上说："随着 AI、自动驾驶和网联车的兴起，我们将直面一个可以重新构建并设计地面交通系统的时代，这是百年来从未有过的机遇。我们有可能从根本上改善停车场、交通流、货运等与汽车相关的所有业务，减少拥堵，为整座城市赋予更多的公共空间属性。"

1　该子公司被定位为集团董事长比尔·福特直接领导的项目。

开发"智慧城市操作系统"

韩恺特采取的战略有一个特点，那就是刻意在大企业内建立若干个小组织，以催生撬动整体的契机。说得再具体些，其目的是摆脱现有的汽车制造商产业结构（只能造车），转而设计新的城市交通基础设施或运营"交通出行云"（Transportation Mobility Cloud，TMC）系统，为软件公司在城市实现移动出行服务提供平台。TMC 的定位是各种出行服务[1]的操作系统。例如，地方政府可通过 TMC 提供的实时位置信息缓解拥堵，控制交通流（不过目前也有消息称 TMC 的开发遇到了瓶颈）。

TMC 的理念类似于亚马逊的云服务——亚马逊网络服务（Amazon Web Services，AWS）。AWS 在云端向客户提供网络服务器服务，已成为亚马逊的主要利润来源。福特也在推动业界企业（包括竞争对手）采用 TMC，以稳固其"智慧城市操作系统"的地位。福特在 2018 年收购了硅谷初创企业 Autonomic[2]，为这项

1　如基于位置信息的路线规划和支付处理。

2　致力于开发 TMC 立足的云平台。

业务拉开了序幕。福特希望将这项业务发展壮大，最终在 TMC 这一平台上孕育各种出行服务，并通过销售平台积累的数据等方式开拓新的收入来源。苹果的 iOS 和谷歌的安卓系统都是智能手机的主流系统，也因此确立了业界的主导地位。福特就是想用 TMC 在智慧城市领域占据同样的高点。[1]此外，福特的网联服务负责人在 2018 年的 CES 上就 TMC 发表了如下观点：

"我们正在规划一个开放的社区，希望大家都能参与进来。之所以在开放的云平台和相关服务上大力投资，是为了给人们提供更高效的出行互联机会。减少拥堵不仅可以提高城市的运转效率，还有助于创造更多的经济活动和社区利益。"

福特试图让其他车企（包括福特的竞争对手）采用 TMC，并以此掌握主导权。但这关键在于其他车企会做出怎样的抉择。

任天堂在推出红白机[2]时出品了大量的第一方自研游戏，以确保第三方游戏软件商享有足够的用户群。同理，积极扩充第一方应用程序也是平台成功的关键。为了让 TMC 占据优势地位，韩恺特通过子公司 FSM 采取了一系列措施，包括收购 Chariot（网约车）

1　2019 年 4 月，福特宣布与 AWS 就 TMC 的运营签署多年度合作全球协议。

2　任天堂于 1983~1985 年推出的家用游戏机，因外观为红白两色而得名，该游戏机在电子游戏发展史上具有里程碑意义。——译者注与 Spin（共享电动滑板车），以及投资专注自动驾驶软件的 Argo AI 和优步的竞争对手 Lyft。董事长比尔·福特还自掏腰包创办风投基金 Fontinalis Partners，在移动出行领域积极投资。福特也在快节奏的硅谷安插了天线，相继启动了一系列紧扣 CASE 的小业务，试图改写"老字号大企业"的组织文化。前面提到的密歇根中央车站周边地区的大规模二次开发业务也是其中的一个环节。

以收购急追猛赶

2017 年 2 月，一则新闻在业界激起千层浪。福特以 10 亿美元的高价收购了一家名为"Argo AI"的初创企业。后者成立仅数月，员工也不过十几个，天知道它有几斤几两。[1]

通用汽车在 2016 年收购了一家名为 Cruise 的自动驾驶初创企业（详见下文），也许就是此举启发了福特。当时的 CEO 菲尔兹因对 CASE 等新一代技术投资不力遭到了不少批评。他想通过收购 Argo AI 力挽狂澜，在自动驾驶技术方面急追猛赶，却不得不在壮志未酬时卸任，将接力棒交给了韩恺特。

1　业界一般用"隐形"来形容这个阶段的初创企业。

如前所述，福特试图通过开发"智慧城市操作系统"TMC在移动出行服务领域取得领先地位。想要让TMC发挥出平台应有的作用，将服务对象扩展到自企之外，富有吸引力的内容和应用程序必不可少。自动驾驶技术正是该系统的核心，但如此高水平的系统必然需要高精度的传感器、芯片、算法、信息充足的3D地图和自动驾驶车辆的仿真模拟，而这些都建立在大量的时间和资金上。将优秀的初创企业纳入麾下可有效节省时间，一举赶超竞争对手。

福特就这样启动了实证研究，而实验中使用的正是配备了Argo AI的车辆。

2018年在佛罗里达州的迈阿密，福特牵手美国大型比萨连锁店达美乐开展了自动驾驶车辆应用的实证研究，由配备了Argo AI自动驾驶系统的标准轿车福特Fusion[1]配送比萨。读者朋友们可以在YouTube上搜到相关视频。比萨堪称美国的国民美食，这场独具一格的配送实验自然吸引了全美的关注（插句题外话：美国中西部城市芝加哥有一种巨大的"深盘比萨"，是不折不扣的热量炸弹，极具特色，有机会不妨一试）。

除了达美乐，福特还与全球最大的连锁超市沃尔玛合作，使用

---

1   黑白相间，配色颇像警车。

自动驾驶车辆进行食品配送实验。如何最大限度地提高移动出行服务的使用率和销售额？与其他企业合作时应当如何分配销售额？在与各类合作伙伴开展实验的过程中，福特探索着这些问题的答案，逐步积累经验，并将之转化为作为平台供应方的实力。

> 我们正在检验福特试图创建的每英里利用率最大化模式的潜力。
>
> ——吉姆·法利（Jim Farley）2018 年 1 月于 CES

自动驾驶的三个维度

关于自动驾驶的观点和争论层出不穷。在我看来，按以下三个维度梳理，思路便会清晰许多。

第一个维度是"运人还是运货"。前者要达到的水准和难度显然比后者高出好几个量级。除了关乎生命的安全性问题，乘坐舒适性也是不容忽视的，奈何在自动驾驶中同时实现安全和舒适难于登天。在字母表[1]旗

1　Alphabet，谷歌母公司。

下开展自动驾驶实验的 Waymo 正试图同时实现这两个目标，但目前仍是障碍重重。

第二个维度是"商用还是非商用"。针对卡车、公共汽车等商用车辆的自动驾驶商业模式和现金流运作方式显然更容易构思设想。非商用车（普通乘用车）则不然，对购买非商用车辆的用户应使用怎样的商业模式仍不明确。

站在这两个维度看，"商用货运"应该是自动驾驶技术首选的应用场景，比萨外卖正属于这一范畴。

第三个维度是自动驾驶车辆的"行驶环境"。是穿行于自带复杂属性的城区街道，还是行驶在长途运输的高速公路上？这两种行驶环境对自动驾驶的算法精度有着截然不同的要求。想必在不久的未来，美国会率先在基于高速公路的长途运输领域开展实验，为"商用货运"场景的自动驾驶铺路。

在日本，人们经常从技术角度探讨自动驾驶，L1 级到 L5 级的分级标准也是一个绕不开的议题。简而言之，L1 级仅限自动刹车等驾驶辅助；L2 级可在满足特定条件（比如在高速公路上行驶）时脱手（hands off）；L3 级是特定条件下脱眼（eyes off）；L4 级则是特定条件下脱脑（brain off），即驾驶员无须操心驾驶问题；L5 级就是所谓的"全自动驾驶"。技术的重要性不言而喻，但感觉日本的舆论很少像美国那样从商业模式（需求）的角度去探讨这个议题。

开发 L4 级以上的自动驾驶技术必然需要巨额投资。为了证明开发成本的合理性，车企不仅要卖车，还要构筑运用其开发成果的商业模式，阐明自动驾驶与削减成本之间的关系。后文将要介绍的 Cruise 和 Waymo 就有将自动驾驶车辆运用于网约车服务的设想，亚马逊则将自动驾驶与降低自营物流成本明确挂钩。仅仅通过开发自动驾驶技术，很难实现自动驾驶的广泛应用。日本的相关企业也需要多关注商业模式的合理性，而不是只钻研技术。

韩恺特卸任

福特直指新时代的第一炮打得非常响亮，可惜现实总是残酷的。韩恺特的战略早在推行之初就因其是否能够赢利和具备实用性遭到了一些分析师的质疑，而事实也证明了他们的猜测：因被福特收购名噪一时的 Chariot 早在 2019 年就关停了共享班车业务。Argo AI 也因为开发成本高昂接受了大众投资的 26 亿美元。截至 2020 年 6 月，福特和大众分别持有 Argo AI 40% 的股份（其余股份由该公司高管和其他员工持有）。Argo AI 将依托福特和大众这两大巨头在全球开展业务。

受新冠疫情与各方面因素的影响，自动驾驶技术的商业化落地时间从 2021 年推迟到了 2022 年。自韩恺特上任以来，福特的股价一度下跌近 40%，回到了 2008 年金融危机时的水准。

2020 年 8 月，韩恺特卸任的消息传来。在他的推动下，福特的商业模式已实现从"造车"到"软件服务"的进化。他抢先布局城市交通平台的战略也颇有远见，可惜因赢利问题出师不利。韩恺特的继任者是曾在丰田美国销售公司雷克萨斯部门担任高管的福特首席运营官（COO）吉姆·法利。但截至 2021 年 2 月，福特并未在战略层面做出重大调整。

不过单凭"无法赢利"这一点就认定福特的组织转型是失败的，那未免过于武断。福特在自动驾驶和电动化领域与大众开展了大规模合作。多亏大众的雄厚财力，Argo AI 才起死回生，其员工人数已超过 1000 人。它将继续研发自动驾驶技术，专注于自动驾驶系统的实证研究（包括公共道路测试在内）与高精度地图的开发。虽历经波折，Argo AI 仍在硅谷周边探索基于自动驾驶的赢利模式，这一点也值得关注。[1]

下面让我们将镜头转向底特律的另一大巨头，通用汽车。

1　Argo AI 已于 2022 年 11 月关闭解散。——编者注

---------- **案例研究 2** ----------

通用：在自动驾驶领域谋求霸权？

"电动化是共筑零排放未来的核心。通用的平台与电池系统'奥特能'（Ultium）将助力集团旗下品牌的全面电动化。我们计划在 2025 年左右实现全球市场每年销售 100 万辆电车。"（2020 年 7 月）

"除了在核心业务中长期积累下来的资产，我们还通过收购 Cruise 等方式获得了其他有助于布局自动驾驶领域的元素，足以引领该领域的发展。每个环节都能在集团内部完成，大城市复杂环境下的驾驶测试也在持续进行中。我们是唯一用生产线量产自动驾驶实验车的企业。换言之，即便迎来不再需要驾驶员的时代，通用汽车也能以量产体系应对。"（2017 年 11 月）

以上两段话均出自通用汽车的首位女性掌门人玛丽·巴拉（Mary Barra）。

截至 2020 年 7 月，通用计划投资 22 亿美元升级改造位于底特律的哈姆特拉姆克装配厂，用作通用电动汽车的组装基地。Cruise Origin 自动驾驶车的生产也已提上日程。要知道在 2008 年金融危机爆发时，通用曾申请破产保护，靠政府注资苟延残喘了许久。变化之大，令人刮目相看。

巴拉在 18 岁时进入通用实习，从最基层的工人做起，一步步走上巅峰。她多年来深耕技术领域，在斯坦福大学商学院进修后，于 2014 年就任通用汽车 CEO，成为 15.5 万名员工的总指挥，时年 52 岁。她在上任后推行了一系列大刀阔斧的结构性改革（包括关闭工厂和裁员），斥巨资收购了自动驾驶初创企业 Cruise，还促成了通用与本田的深度合作。

通用也因此改头换面，稳步布局，拥抱即将到来的新时代。集团宣布将在 2025 年之前投资 270 亿美元用于开发电动汽车和自动驾驶汽车，生产 100 万辆电动汽车，并与韩国的 LG 化学联合生产电芯[1]。如前所述，通用已明确宣布将在 2040 年前实现碳中和。遥想 20 世纪 20 年代后期，通用在传奇领袖阿尔弗雷德·斯隆（Alfred Sloan）的带领下提出了"以推出新车型刺激消费"的营销手法，一度笑傲全美，称霸世界。昔日的龙头老大能否卷土重来，再创辉煌？

1　决定电动汽车性能的车载电池关键部件。

押宝"Cruise"

2016年，通用汽车收购了总部位于旧金山的初创企业Cruise。坊间盛传收购价高达10亿美元。当时Cruise的员工不过40人左右。创始人凯尔·沃格特（Kyle Vogt）时年34岁。

沃格特是土生土长的堪萨斯人，从本地高中毕业后升入名校麻省理工学院，并在2004年参加了DARPA[1]举办的挑战赛"Grand Challenge"[2]。

通过创办、转让数家企业，沃格特不到30岁就成了亿万富翁。Cruise就是他在2013年所创的。Y Combinator[3]的投资是这家初创企业在成立之初便引起各方关注的原因之一。

Cruise最初的商业模式是开发并销售可加装在普通车辆上的"半自动驾驶套件"，但后来转而开发可用于城市地区的自动驾驶汽车软件。通用汽车对这项业务产生了强烈的兴趣，这才以天价收购

1　美国国防部高级研究计划局。

2　以无人驾驶汽车穿越拉斯维加斯的沙漠。不少美国自动驾驶技术的关键人物通过这项赛事崭露头角，其中就包括Argo AI的创始人布莱恩·萨利斯基（Bryan Salesky）和Aurora Innovation的创始人克里斯·乌尔姆森（Chris Urmsom）。

3　因投资Airbnb和Dropbox而闻名的创投公司。

了这家创业仅三年的小企业。沃格特在企业被收购后加入了通用的管理团队，继续坐镇Cruise。

值得注意的是，这家硅谷初创企业在被总部位于底特律的通用收购后享有高度自主权，转为子公司后仍由沃格特全权管理。

巴拉一边在通用积累经验，一边在斯坦福大学攻读MBA。在收购Cruise的前一年，她造访硅谷，与苹果CEO蒂姆·库克（Tim Cook）和谷歌高管围绕自动驾驶技术进行了数次讨论。在此过程中，她肯定察觉了底特律和硅谷在工作方式、文化、速度和组织管理等方面的巨大差距，所以才刻意让通用与Cruise保持对等。

开发自动驾驶算法，筹措必要的传感器、半导体、地图和其他关键技术，进行原型开发和驾驶测试等项目均由总部设在硅谷的Cruise主导。大本营在底特律的通用负责将开发出来的技术落实于车体，并进行技术验证。毕竟双方的时间观与品质观相差巨大，如此明确分工可有效避免文化冲突。

2019年1月，巴拉的心腹达恩·阿曼（Dan Ammann）接替沃格特，出任Cruise的CEO。沃格特继续担任Cruise总裁兼首席技术官（CTO），负责技术研发。

开拓基于自动驾驶汽车的网约车业务

2020 年 1 月，自动驾驶电动汽车 Cruise Origin 的发布会在旧金山城南盛大举行。仿佛昏暗仓库一般的会场播放着嘻哈音乐，橙色照明流光溢彩。

这款车没有方向盘和踏板，车内有两排面对面的座位，每排可坐三人。车辆的工作寿命高达 160 万公里，投入运行后每年可为每个旧金山家庭节省 5000 美元的出行成本。

新 CEO 达恩·阿曼表示，这款车已进入"生产准备阶段"。言外之意即 Cruise Origin 不仅仅是一个概念，而是一个会在前文提到的哈姆特拉姆克装配厂生产的量产车型。通用方面表示这款车将作为自动驾驶出租车推向市场，不会面向公众销售。用户可通过 App 叫车接送。通用在其中扮演的角色是"基于自动驾驶汽车的网约车服务商"。

截至 2021 年 3 月，软银与本田分别向 Cruise 注资 22.5 亿美元与 7.5 亿美元。Gruise 的母公司通用汽车也在逐步深化与日本车企的关系（比如加强与本田原有的合作，在 2020 年联合开发电动汽车等）。通用还宣布会在 2021 年于日本增加基于 Cruise Origin

的移动出行业务。"零排放、零事故和零拥堵",为实现CEO巴拉提出的美好愿景,通用在旧金山等大城市积极布局,开拓网约车业务。

是继续以造车为主要业务,满足在水平分工时代为苹果和优步供应车辆,还是调转船头,开拓更多元的收入来源,将自己转型为出行服务商?全球汽车行业正处在这个关键的十字路口。

昔日的三巨头之一,菲亚特克莱斯勒汽车将自动驾驶系统的开发业务交给了合作伙伴Waymo,自己则专注生产皮卡和SUV,并且在2021年与标致雪铁龙合并为斯特兰蒂斯后仍坚守这一立场。

通用则致力于垂直整合Cruise的自动驾驶技术和网约车业务等移动出行服务,明确了"不在造车这一棵树上吊死"的态度。

放眼未来,网约车业务有望在车辆全生命周期的各个阶段创造收入机会,为车企开拓"提供车辆"之外的可能性,这也是通用对这项业务寄予厚望的原因所在。

巴拉最初设想的战略是在2019年依托子公司Cruise开发的自动驾驶车辆进军网约车业务,将车辆行驶、运行信息等大数据牢牢掌握在自企手中。这显然是因为特斯拉与Waymo让通用产生了紧迫感。前者开业界之先河,使用自企销售的车辆收集行驶数据;后者则属于谷歌阵营,论自动驾驶车辆的实车测试数据量,无人能出其右。

不过通用认为，除了数据的"量"，"安全性"也是人无我有的差异化要素，是一种附加值。通用希望将 Cruise 卓越的自动驾驶功能与自企多年来钻研打磨的车辆生产和零部件采购方面的经验知识结合起来，开发具有更高安全性的自动驾驶电动汽车，向 GAFA 等依靠软件进军汽车行业、企图扰乱秩序的企业发起反击。

紧要关头

毫无疑问，Cruise Origin 的发布给通用谋求转型、再创辉煌带来了一线希望。但截至 2021 年 2 月，受美国政府对自动驾驶汽车的法规限制等因素的影响，通用仍未明确启动网约车业务的具体时间。

还有一些课题有待解决——通用的目标是在 2023 年之前全线生产 SUV 型电动汽车（包括 Cruise Origin 和在美国很受欢迎的悍马与凯迪拉克），但先一步上市的小型电动汽车"雪佛兰 Bolt"的销售情况并不理想。

另外，受新冠疫情影响，通用自己的汽车共享服务"Maven"接连亏损，于 2020 年 4 月宣布关停。同年 5 月，Cruise 也裁掉了

160 名员工，相当于员工总数的 8%。通用与之前介绍的福特一样，都迎来了紧要关头。昔日巨头能否咬紧牙关，坚持到底？让我们拭目以待。

底特律的哈姆特拉姆克装配厂经历了数次罢工之后，终于宣布在 2021 年下半年开始生产电动汽车和自动驾驶汽车。厂房的检修工作也在稳步推进中。

加利福尼亚的硅谷已逐步升级为美国汽车行业的另一个中心，与底特律并驾齐驱。下一章就让我们移步硅谷，一探究竟。

第三章

美国汽车行业的现状②
硅谷来势汹汹

■ 桑岛浩彰

移动出行产业的新核心——硅谷

2020 年的美国，新冠疫情肆虐。除了新冠疫情，加利福尼亚在当年夏天还遭遇了此起彼伏的大规模山林火灾，近一个月不得安宁。我所居住的硅谷也没能躲过病毒和空气污染的双重打击，以至于人们不得不居家避祸。

即便如此，硅谷的舆论场仍是热闹非凡，每天都有和汽车相关的新闻。特斯拉的股价持续飙升，其最新动向自是备受关注。亚马逊、苹果和谷歌等 IT 巨头加速进军汽车行业的报道更是层出不穷。

2019 年，亚马逊宣布投资硅谷的自动驾驶软件开发企业 Aurora Innovation 和之前提到的电动汽车初创企业 Rivian，后者将从 2021 年起向亚马逊供应 10 万辆电动汽车送货车。2020 年

6月，亚马逊又收购了针对网约车市场开发自动驾驶车辆的 Zoox，据传收购价高达 10 亿美元。同年 12 月，亚马逊投资的 Aurora Innovation 收购了优步的自动驾驶开发部门"Uber ATG"（丰田汽车和日本电装也投资过 Uber ATG，有报道称它们通过这次收购成为 Aurora Innovation 的股东）。

业界普遍认为，亚马逊如此关注电动汽车和自动驾驶汽车是为了降低其巨大的物流成本（每年 900 亿美元以上）。亚马逊希望削减自有物流部门的成本，以硅谷为入口发掘自动驾驶技术和人才也是不争的事实。长久以来，自动驾驶技术发展的最大障碍一直都是"难以回收庞大的研发成本"，而财力在全球数一数二的亚马逊在这一领域率先迈出了一步。

苹果也加快了步伐。2021 年初，业界爆出一条重磅新闻："苹果正在与韩国的起亚汽车谈判，有望在 2024 年合作推出 Apple Car（自动驾驶电动汽车）。"换言之，苹果有意采用水平分工模式，让起亚为其自动驾驶系统提供车身。

据说早在 2014 年，苹果就启动了"泰坦计划"，致力于开发电动汽车和自动驾驶系统。项目规模似乎很大，由特斯拉和谷歌出身的专家主导，数百名工程师参与其中，涉及驱动、内饰、外观、电池和自动驾驶技术等方面。但从 2016 年左右开始，关于项目缩小重组的新闻频频见报，甚至传出了计划破产的消息。苹果与起亚谈判的新闻一出，泰坦计划便再次成为舆论关注的焦点。起初业界盛传苹果要牵手麦格纳[1]这种有造车能力的大型零部件制造商，现在又有传言说要与起亚、现代等韩国整车制造商合作（据传苹果也接触过日产，但截至 2021 年 3 月，日产既没有否认也没有承认）。

种种迹象显示，苹果似乎是想复制 iPhone 的水平分工模式。但组装汽车和组装手机一样，本身的利润率很低，站在车企的角度看，这样的合作不一定有多少吸引力，所以车企的态度也颇为谨慎。再加上苹果素来以密不透风的保密措施著称，Apple Car 的真面目直到今天仍处于重重迷雾之中。但有一点是毫无疑问的——苹果全面进军汽车行业只是一个时间问题。

今时今日的美国汽车行业有两大中心，即底特律与硅谷。底特律是老牌汽车城，也是三巨头的大本营；硅谷则孕育了特斯拉等众多 IT 企业，扑向传统汽车行业的 CASE 浪潮就源于此地。汽车本是硬件的集合体，如今却与互联网越走越近。随着汽车网联化程度的加深，半导体和人工智能等关键技术的进化与 5G、云等基础设施的发展，硅谷定会牢牢把握新一代汽车行业的命脉。本章的主角

1　Magna International，加拿大汽车零部件制造商。

们，就是活跃在硅谷的汽车行业新玩家。

第一位登场的就是台风之眼，特斯拉。

案例研究 1

特斯拉：源自硅谷的领军者

媒体总喜欢把特斯拉描述成一家发展迅猛的"电动汽车制造商"，但这个观点会妨碍我们认清这家企业的本质。

举个例子：亨利·福特的创业理念是"自由出行推动人类进步"。福特汽车的网站上也写着，"我们的愿景是打造更美好的世界，让每个人都自由出行、追逐梦想"[1]。总而言之，"车"是其业务的前提。然而马斯克在 2006 年创立特斯拉之初发布的"宏图"[2]中提到，特斯拉的首要目的是"帮助推进碳氢燃料开采与燃烧的经济体向太阳能电力经济体转型"，并指出"这

1　https://www.ford.com.cn/about-ford/，中文官网并没有体现出"人类进步"，故略加调整。——译者注

2　Master Plan，马斯克对特斯拉的长期规划与展望。译文摘自 https://www.tesla.cn/blog/secret-tesla-motors-master-plan-just-between-you-and-me。——译者注

是可持续发展的主要解决方案"。换句话说，特斯拉的首要使命是"建立可持续的能源生态系统"，而电动汽车只是实现过程中的一个环节，充其量不过是一块里程碑。

特斯拉创始人埃隆·马斯克在发电和储能领域也有不少动作，包括在 2016 年收购 SolarCity[1]，推出名为 Powerwall 的家用电池储能系统，以及在各地增设超级充电站。"车"也是其战略的延伸。马斯克领导的特斯拉致力于开发、生产并销售电动汽车，也是基于"以清洁能源驱动的出行手段取代传统燃油汽车"这一理念。请大家注意，特斯拉的出发点本就与传统车企不同。

特斯拉想在全球普及清洁能源，普及以清洁能源驱动的电车，奈何大规模造车成本巨大。于是黎明期的特斯拉另辟蹊径：先进入高端市场（那里有消费得起高价产品的富人），赚取研发成本，然后扩充每个细分市场的车型，逐步提高产量。迄今为止，特斯拉已经推出了 Roadster、Model S、Model Y、Model 3 和皮卡 Cybertruck，横跨多个细分市场。如今更是将重型卡车纳入视野，力争进一步提升产能。

1　专注家用太阳能电池板的美国企业。

为什么特斯拉成长得如此迅速？事后分析起来，原因不胜枚举。除了极强的设计感，特斯拉还有 Autopilot 自动辅助驾驶、车载软件无线更新（OTA）等先进功能（详见后文），通过线上销售和上门保养提供的客户体验也十分优质——上述元素相结合，再加上舆论热度，使特斯拉先在富人群体中获得了一批支持者。后来，特斯拉又推出了经济型轿车 Model 3，赢得了大众群体的广泛支持。有数据称美国 2018 年的电动汽车销量同比增长 80%，而增长的主要驱动力正是 Model 3。电池价格和续航能力一直都是电动汽车普及的瓶颈。尽管有越来越多的老牌车企进军电动汽车市场，但抢先进入市场的特斯拉的确实力出众。

坚守垂直整合模式

特斯拉奉行高度垂直整合的生产模式，电动汽车的研发、生产、销售和售后均在自企内部完成。虽然业界主流的观点认为，汽车行业将从垂直整合转向水平分工，但特斯拉（至少是现在的特斯拉）表现出了坚守垂直整合的态度，核心部件自研自制。

CEO 马斯克在 2019 年的发言中如此强调垂直整合模式的优越性：

"我们是世界上唯一自行生产车辆、电池和自动驾驶芯片的企业，与业界其他企业处在完全不同的位置。

"从车辆的设计与生产，到公司内部计算机硬件、软件的开发乃至相关 AI 的开发，我们在各个领域都处于领先地位。如果特斯拉拥有比其他企业多 100 倍的驾驶数据，追赶我们也许不是全无可能，但恐怕会很困难。"

我采访过的一位前特斯拉员工也给出了如下回答：

"特斯拉的总部在加利福尼亚州。加州本就没有多少大型供应商（零部件制造商），特斯拉也没有渠道接触（供应商云集的底特律所在的）密歇根州，所以才会奉行垂直整合模式，挑选部分零部件供应商构建供应链。按价格来算的话，大约 90% 的部件是在垂直整合体系内生产的。"

在美国国内，特斯拉于加州的弗里蒙特工厂生产车身，于内华达超级工厂（Gigafactory）生产电池，试图通过高水平的生产流程自动化提高生产效率。目前特斯拉在中国和欧洲已有工厂，未来还计划在印度建厂，进一步扩大规模。

当然，构建如此规模的供应链绝不可能一帆风顺。之前提到

高度自动化的特斯拉工厂

的量产车型 Model 3 在 2017 年正式投产时频发生产延误问题，无法实现既定目标，进而影响交付。据说当时 Model 3 的生产瓶颈是电池模块的组装和马斯克对生产自动化的极致追求。特别是在自动化方面，特斯拉的投资相关部门在 2018 年主动认错："我们在自动化方面犯了太多、太快这两个错误。目前已暂时减少自动化，在条件成熟之前加强半自动和手工作业。"[1]。产能问题得到解决后，Model 3 的产量大幅增加，成为特斯拉飞跃式发展的原动力。

1　马斯克将这一时期形容为"产能地狱"（production hell）。

Autopilot 闹出人命

在销售和售后服务方面，特斯拉也以垂直整合为导向。特斯拉的销售策略是以线上和自企线下门店为主，（在各州法律允许的范围内）不依靠外部独立经销商。在售后服务环节，特斯拉实现了车载软件无线更新（之前提到的 OTA 功能），并通过远程诊断和移动式维修服务车尽可能减少到店检修次数，从而在降低运营成本的同时提高客户满意度。特斯拉的工程主管曾如此形容为品牌打响知名度的 OTA 功能："特斯拉不是一次性做大规模升级，而是像软件公司那样，在产品上市后不断微调。"（《华尔街日报日语版》，2018 年5 月 8 日）特斯拉在这方面也领先了一步，实现了与传统车企的差异化。

特斯拉的 Autopilot 自动辅助驾驶功能也值得一提。特斯拉一贯认为，"在使用正确的前提下"，自动辅助驾驶比人类驾驶安全多了。2016 年发布的"宏图的第二篇章"也提到，"随着技术日趋成熟，全部特斯拉车型都将搭载必要的硬件，以实现具备容错能力的全自动驾驶"，并表示"特斯拉现在采用自动辅助驾驶，而非等待未来某个时刻采用全自动驾驶"[1]。自 2014 年起，相关软件已经作为改装选项之一提供给消费者。特斯拉的 Autopilot 已经实现了主动巡航控制功能[2]，包括自动变道、自动转向、自动识别路标、自动加速到巡航速度等。然而，有多起致命车祸就是在驾驶员使用这一功能时发生的。在使用 Autopilot 期间，驾驶员必须将双手放在方向盘上，保持随时都能控制车辆的状态，可惜部分驾驶员对这一功能过度信赖（比如在驾车时操作智能手机，而没有紧握方向盘），导致了惨祸的发生。

关于这个问题，特斯拉的公关部门表示："考察过许多技术之后，我们选择了传感器加警报的组合。传感器通过方向盘的动作确认手的位置，通过视觉警报和语音警报加以提醒。当然，特斯拉会随着时间的推移不断进化，届时我们也会考虑新的技术。"（《华尔街日报日语版》，2018 年 5 月 14 日）技术当然会改进，但仍有许多人对以 Autopilot 的名义提供"现阶段还非常有限的自动驾驶辅助功能"这一点持怀疑态度。

值得注意的是，特斯拉对 Autopilot 也奉行"以内部制造实现垂直整合"的原则。最核心的自动驾驶半导体器件原本是和美

1　https://www.tesla.cn/blog/master-plan-part-deux。——译者注
2　高级驾驶辅助系统的一种。

国半导体巨头英伟达合作研发的，但现在已改为自主研发。负责Autopilot 的副总裁曾说，"市面上的半导体芯片没有一个能达到特斯拉的系统和车辆所要求的水准"，"自行设计研发符合要求的芯片反而能得到更好的产品"（2017 年）。特斯拉独特的追求在这方面也体现得淋漓尽致。不难看出这家企业有自己的技术理念，也在用自己的方法实现目标。

进军共享服务？

特斯拉一路领跑电动汽车市场，率先引进自动辅助驾驶功能，可谓"CASE 革命"的急先锋，却鲜有要正式进军共享服务、MaaS 等领域的迹象。我采访过的前特斯拉员工也坦率地承认了这一点。

"自动驾驶无疑为共享服务铺平了道路，前景可观。但特斯拉目前还不打算插手共享与移动出行服务领域。因为特斯拉追求的是'拥有车辆'，所有设计都以'拥有一辆好车的体验'为中心。"

至少在现阶段，特斯拉设想的业务似乎仍以"拥车"为前提。也许特斯拉的思路是，既然要转向清洁能源，那么"拥车"这一形式就会保留下来（所以要把消费者拥有的车辆逐步转换为电动汽车）。他们也在摸索基于"拥车"的服务模式，比如搭建平台，方便车主在不用车的时候通过手机 App 将车租给亲友，以降低拥车成本。马斯克还发布了"特斯拉网络"（Tesla Network）构想，表示当全自动驾驶成为现实时，特斯拉车主可以让车辆加入该网络，为其他人提供自动驾驶网约车服务。

就在传统制造商苦苦挣扎时，特斯拉以截然不同的思路与方法发展成了电动化领域的领头羊。它以不走寻常路的思路打破了传统车企的常识，不到十年就将一群百年老字号的市值甩在身后。特斯拉的安全性仍有争议，也有许多专家认为它目前股价虚高。但毫无疑问的是，这家企业确实处于汽车行业结构性转变的中心。

让我们再来看谷歌母公司"字母表"旗下的自动驾驶企业Waymo。

———————— 案例研究 2 ————————

Waymo：在自动驾驶技术领域遥遥领先？

镜头转向位于硅谷中心的帕罗奥多——据说史蒂夫·乔布斯当年就是在参观施乐帕罗奥多研究中心（Palo Alto Research

Center，PARC）时得到了灵感，创造了苹果电脑的GUI[1]。这座孕育了鼠标和激光打印机的研究中心是公认的"硅谷圣地"。

2018年秋，麻省理工学院在PARC举办了一场校友讲座。照理说只有校友才能入内听讲，所幸主办方宽宏大量，外人只要愿意支付额外的费用，基本都能得到一个座位。主讲人是Waymo的CEO约翰·克拉夫西克（John Krafcik）。Waymo是自动驾驶领域最引人注目的企业，它原是谷歌的自动驾驶项目，后来从其母公司字母表剥离出来。听说Waymo的一把手要登台发言，台下自是座无虚席，没抢到座位的就只能站着听。克拉夫西克在热烈的掌声中走上演讲台，张口便道：

"全世界每年都有135万人丧生于交通事故，相当于一年到头每小时都有一架150座的空客A320坠毁。交通事故造成的伤者更是多达每年5000万人。据统计，每三个人中就有两个会在一生中经历至少一次酒驾事故。这些事故都有一个共同点：94%由人为因素造成……"

克拉夫西克对汽车行业了如指掌。他曾担任现代汽车美

---

1 Graphical User Interface，图形用户界面，一种方便的用户界面，计算机指令和操作对象以图标等形式显示。

国业务总裁兼CEO，2015年加盟Waymo，出任CEO一职。那天他虽以"麻省理工学院斯隆管理学院毕业生"的身份受邀发言，但他原本是一名工程师，在斯坦福大学获得了机械工程学位。他在日美贸易摩擦最激烈时毕业，于新联合汽车制造公司（NUMMI）[1]开始了他的职业生涯，后来在麻省理工学院担任研究员和管理顾问，以熟知丰田的精益生产方式著称。此后他出任福特汽车总工程师，又在现代汽车工作了一段时间。作为精益生产方面的专家，他在30余年里密切跟踪美国、日本和韩国主要车企的变迁。Waymo的CEO也许是他职业生涯的最后一站，而他制定的最终目标是"实现交通事故零死亡"。

"我们不是一家车企，也不是搞自动驾驶的企业。Waymo是一家专注技术的企业，我们正在努力打造世界上最有经验的'司机'，那就是（自动驾驶的）Waymo Driver。Waymo的使命是让人员和物品能够轻松安全地到达目的地。"（2019年）

1　由丰田和通用合资建立的公司，旨在将丰田的精益生产理念植入通用。2008年金融危机后，NUMMI将工厂转让给特斯拉，目前是特斯拉的主要生产基地之一，已发展成硅谷的汽车制造中心。

登月计划

Waymo 源于谷歌的"登月项目"(Moonshot Projects),于 2009 年秘密启动。此类项目极具挑战性,需要耗费大量资金,但若能取得成功,将为人类的进步和幸福做出重大贡献,一如美国的阿波罗太空计划,故称"登月"。

Waymo 项目起步于 Google X[1] 的办公楼之一。这栋楼矗立在硅谷山景城一角,离本田和松下的硅谷基地不过几分钟车程。X 是许多"登月项目"的起点,楼内有不少相关展品,包括被打上失败标签的谷歌眼镜和 Project Loon[2],还有 2014 年发布的初代自动驾驶原型车"萤火虫"(Firefly)。

可惜 X 尚未孕育出谷歌未来的顶梁柱业务,质疑其投入产出比的声音不在少数。不过 X 的存在也能从侧面体现出谷歌这家企业的度量——毕竟它愿意不计成本地启动一个又一个看起来有趣的项目。(顺便一提,据说谷歌有举办盛大的宴会"庆祝"项目失败的传统)。

1 　在谷歌重组为字母表后简称"X"。

2 　计划内容是在全球放飞气球,实现无死角 Wi-Fi。2021 年 1 月宣布计划缩减。

基于菲亚特克莱斯勒（现为斯特兰蒂斯）的小面包车 Pacifica 打造的自动驾驶车每天都在 X 的办公区进进出出，山景城居民早已习以为常。

自动驾驶出租车比人工驾驶的还贵？

加州车管局每年公开发布的数据涉及各大企业在该州进行的公共道路自动驾驶测试的结果。硅谷自不用论，世界各地的汽车业内人士和自动驾驶研发工作者都非常关注这项数据。其中尤其值得关注的是"平均接管里程"（MPI），即每两次人工接管[1]之间的平均行驶里程。计算方法是用全年测试总里程除以人工接管次数。如表所示，中美两国在这方面可谓遥遥领先。

加州公共道路自动驾驶测试结果

	平均接管里程（英里）	测试总里程（英里）	人工接管次数（次）
Waymo（美）	29944	628838	21
Cruise（美）	28520	770049	27
Auto X（中）	20367	40734	2
小马智行（中）	10737	225496	21

1　Disengagement，司机为避免危险介入自动驾驶模式。

	平均接管里程（英里）	测试总里程（英里）	人工接管次数（次）
滴滴（中）	5200	10401	2
Zoox（美）	1627	102521	63
Aurora（美）	329	12200	37
苹果（美）	144	18805	130
日产（日）	98	394	4
宝马（德）	40	122	3
梅赛德斯（德）	25	29983	1167
丰田（日）	2	2875	1215

根据加州车管局发布的数据编制。小数点后四舍五入。（2019 年 12 月~2020 年 11 月数据）

数据仅包括加州的公共道路测试结果，在其他国家进行的测试数据与模拟结果并不包括在内，[1] 因此不能准确反映出各方的整体实力，但我们可以通过这些数据真真切切地感受到中美两国对研发自动驾驶技术的热情。

克拉夫西克反复强调"Waymo 的目标是打造世界上最有经验的（自动驾驶）司机"，但这句话背后的含义尚不明确。不过 Waymo 近期的动向可大致归纳成以下三点。

1　也不包括特斯拉的数据。据说特斯拉会通过已售出车辆采集实际驾驶数据。

第一，推进 Waymo One（基于无人驾驶车辆的网约车服务）和 Waymo Via（自动驾驶卡车送货服务）的相关实验。

第二，向各国车企（斯特兰蒂斯、沃尔沃、日产雷诺联盟等）提供 Waymo 的自动驾驶系统（Waymo Driver）。

第三，与加拿大汽车零部件巨头麦格纳合作，在捷豹提供的纯电轿跑 SUV"I-PACE"上安装自动驾驶系统，并进行大规模生产和销售。

Waymo 自主研发了自动驾驶所需的大部分关键技术，包括算法、传感器、车载电脑、地图等。传统车企仅向 Waymo 提供车辆，但 Waymo 可以获取这些车辆产生的运行数据和驾驶数据，为算法的进化打下基础。换句话说，Waymo 有意走垂直整合路线，想将下游服务（例如之前提到的 Waymo One）一并收入囊中。谷歌阵营的 Waymo 有可能在全世界开展相关服务，垄断所有与车辆有关的数据，因此广大车企颇为警惕。不过 Waymo 的态度在近期出现了些许变化。

变化背后的原因是，自动驾驶汽车的问题不仅限于工程层面，还有许多课题有待各国、各地区的本地市场去解决，牵涉范围极广，例如各国的法律法规、事故责任范围、基础设施建设情况、用户信任度、驾驶数据的处理以及网约车队的运营诀窍等。

麻省理工学院的阿什利·努内斯（Ashley Nunes）和克里斯汀·埃尔南德斯（Kristen Hernandez）也发布了一份研究报告：如果算上"由人远程监控自动驾驶车辆"的成本，自动驾驶出租车的总成本未必低于普通出租车。也许Waymo在综合上述因素后越发倾向于"专注提供自动驾驶技术和操作系统"了，因为他们觉得与其自己大包大揽，还不如将服务环节交给本地运营商，这样收益更高。这意味着Waymo将扮演SaaS企业的角色，只提供系统。

克拉夫西克领导了Waymo五年之久。2020年3月，Waymo得到多方注资，总额达22.5亿美元，有望进一步扩大规模。但在2021年4月，克拉夫西克宣布辞职，在业界激起轩然大波。无论如何，他所采取的战略都是美国汽车行业将重心大幅转向硅谷的契机。Waymo将如何运用这笔雄厚的资金？让我们拭目以待。

硅谷的规矩

既然说到了硅谷，那就顺带介绍一下硅谷的日常生活吧。

硅谷位于旧金山湾区南部，长约80公里。众所周知，IT企业与初创企业云集于此。主要产业视区域而异也是硅谷的一大特征。

洛斯阿图斯位于硅谷的一角，恬静宜居。当地闹市区有一家叫"Sumika"的日式餐厅，专卖用备长炭烤制的鸡肉串。在新冠疫情席卷加州之前，店里总是人满为患。当时这种休闲又美味（但价格比在日本贵两三倍）的日式餐厅是硅谷投资者和创业家聚会交流的首选。我也经常把美国汽车制造商的高管和硅谷创业者约到这种店里，就着鸡肉鸡蛋盖饭谈天说地，然后去几个街区外的蛋糕店吃甜点。从"哪儿有好吃的拉面馆"这种鸡毛蒜皮的小事，到近期的投资交易、业内值得关注的人物、新成立的风投基金的投资计划、需要紧盯的初创企业动向……可谓无所不聊。

硅谷的每个行业都有自己的小圈子，无论是好消息还是坏消息，都会立刻传遍圈内，速度之快令人咋舌。曾经的室友、大学和商学院的老同学、投行和咨询公司的老同事……这些吃过同一锅饭的人会形成联系紧密的小圈子。好比做风投的人就常在小圈子里交流投资项目。没错，硅谷与传统的村落社会并无不同。

熟人见面的机会也很多，包括投资项目讨论会、投资对象的董事会、投行主办的研讨会和每年1月在拉斯维加斯举办的CES与车展。在新冠疫情之前，几乎每晚都有IT相关的行业活动。在物理层面踏足硅谷并不是难事，但你必须足够了解这种特殊的背景，挤进行业的小圈子，才能看清硅谷的真面目。

后来者的苦恼

汽车行业的圈子也很小。CASE 和数字科技对汽车行业的深入始于 21 世纪 10 年代中期。自那时起，美国汽车行业的重心从中西部地区逐步延伸至西海岸。底特律仍是制造之都，但自动驾驶使用的传感器、算法和半导体等关键技术和有能力编写网约车等移动出行服务程序的优秀工程师基本都集中在硅谷。在这样的大背景下，国内外汽车巨头与大型零部件制造商相继进军硅谷。

"进军硅谷"的方式不止一种，但最具代表性的是以下两种模式。

模式一：在硅谷建立研发基地。一般采用由总部或母国派遣人员的形式，在当地开发移动出行服务与关键技术，或与当地的初创企业合作开展实证研究。日本的本田和丰田[1]就走了这条路。

模式二：入股前途可期的硅谷初创企业。也有部分企业选择入股硅谷的风投，委托其管理资金，通过风险投资初创企业以搜集信息（比如小松制作所）。直接投资初创企业的情况当然也有，可

---

1 这里指丰田研究所（Toyota Research Institute）。

细分为两种方式：一种是雇用硅谷投资机构管理资金（比如松下），另一种是由总部主导投资，以求产生业务协同效应（比如日本电装）。

后来者们以上述方式纷纷进军硅谷，但日企基本都会在这个阶段直面几个重大的问题和挑战。

最大的挑战当属跨国大企业和硅谷初创企业之间的文化鸿沟。照理说财力是大企业的优势所在，但近几年初创企业的融资环境相对较好，所以财力无法对其产生太大的吸引力。再加上大企业总想以投资圈住技术，以至于越是有实力的初创企业就越是对大企业的投资敬而远之。双方的时间观与决策速度也有明显的差异。为了争取投资，初创企业必须废寝忘食地工作，以达到风投设定的目标（亦称"里程碑"）。但大企业光是签一份保密协议就要磨上三个月，在初创企业看来简直慢得超乎想象。

"如何挤进小圈子"也是一个重要的问题。日企的人事变动往往比较频繁，而且离任者会回到日本。这样的制度导致日企的负责人很难在小圈子站稳脚跟。根据我的观察，进军硅谷的德国企业常有"同一人负责某项业务十多年"的情况。

车企的总数较少，竞争对手之间也有很多机会沟通交流，形成亦敌亦友（frenemy）[1]的关系。跳槽是常有的事，工作单位也会定期变动，因此大家更倾向于以个人名义打入圈子，而不是以东家的名义行事。

简而言之，海外企业很难进入硅谷的生态圈，除非通过收购将硅谷初创企业完全纳入麾下，或是迁就初创企业的时间观和速度感，建立硅谷特有的互惠互利关系，奋力打入小圈子。

对那些已经高度习惯日本商业模式的企业而言，硅谷的门槛不是一般地高。

─────────── **案例研究 3** ───────────

戴姆勒：高层当机立断，彻底改组

德国老牌车企戴姆勒巧妙运用了硅谷的特性，对官僚色彩较重的组织文化进行了大刀阔斧的改革。让我们换一个角度，看看传统的整车制造商如何脱胎换骨。

每次有机会在硅谷与戴姆勒的高管和员工交流，"戴姆勒的企业文化在过去几年的剧变"都是绕不开的话题。要知道

─────────────────────

1　即 friend（友）+enemy（敌），视情况转换立场。

六七年前，我每次和德企的人（不仅限于戴姆勒）聚餐，都要听他们大倒苦水。"总部的决策太慢""让总部批准一个事情得准备大量的文件和资料""信息共享不畅"……他们的牢骚与日企外派员高度相似。但戴姆勒的改变是有目共睹的。CASE是当下最火热的关键词之一，而戴姆勒早在2016年就发布了"瞰思未来（C·A·S·E）战略"。如今它已成功转型，摆脱了德国老牌车企的做派。

戴姆勒焕发新生的关键，就藏在硅谷的核心城市之一——森尼韦尔。

预算百亿的专项行动

卡尔·本茨（Karl Benz）与戈特利布·戴姆勒（Gottlieb Daimler）联手创建了"戴姆勒 - 奔驰汽车"，于1886年推出了世界上第一款汽车——"奔驰一号"（Benz Patent-Motorwagen）。这款车的问世比福特T型车还要早130多年。自那时起，戴姆勒一直都是德国汽车行业的领军者，坐拥世界顶级制造商的地位和声望。然而在不知不觉中，它开始安于现状，进而沦为行动迟缓、官僚主义盛行的"大企业"。

有一个人对此产生了强烈的危机感，那就是执掌戴姆勒十余年之久的迪特·蔡澈。他留着极具辨识度的八字胡，在任期间（2006年至2019年）主导了一系列的改革，对汽车行业的未来有着深刻的认识，在戴姆勒与克莱斯勒的合并谈判中发挥了关键作用。他捕捉到了特斯拉、谷歌和苹果等硅谷势力的增长势头，听到了传统汽车行业被颠覆的前奏，因此在2016年夏天痛下决心，将当时的战略部门主管威尔科·斯塔克（Wilko Stark）叫到总部[1]，大手一挥划拨了足足100亿美元的预算和几百名精心挑选的青年才俊，命其组建CASE部。据说由于前景不明，收益堪忧，此举遭到了原有业务部门的反对，但蔡澈将CASE部划归CEO直辖，守住了斯塔克和这个新部门。在不久后的2016年9月，他就在巴黎车展面向世界发布了"瞰思未来"战略。

2015年，戴姆勒派出100名高管走访硅谷，为蔡澈的决策埋下伏笔。蔡澈让高管们会见苹果、谷歌和优步的主管，钻研硅谷孕育创新的机制。2016年，戴姆勒启动了一项旨在"改革企业文化"的全球项目，涉及200多名员工，深度调整了员工培训、决策流程、

---

1 位于德国斯图加特梅赛德斯大街137号。

迪特·蔡澈与川端由美

组织结构、项目推进方式和工具等方面，并大幅精简组织层级，几乎是从零开始重构一家大企业。领导这场大改革的蔡澈说：

"我相信，现在是面向未来改变企业文化，使组织更加灵活和创新的最佳时机。……改革的目的不是打破组织层级，而是通过重构创造交流的机会。希望这场改革能帮助我们的员工加强专业能力，消除官僚主义障碍，积极促进部门之间的合作。"（2016 年 7 月）

威尔科·斯塔克领导的 CASE 部也没有辜负蔡澈的期望，主导了网联化、智能化、共享化和电动化四个领域在戴姆勒内部的战略统筹，阐明了技术的融合将如何催生新的出行方式，以及戴姆勒将如何参与其中。具体来说，该部门开发了整合移动出行服务与自动驾驶车辆所需的应用程序和车辆运行管理系统，并在 2022 年前推出了十多款电动汽车，推行了一系列极具必要性的举措（下一章也会提到戴姆勒的转型）。

戴姆勒之所以能及时捕捉到变化的预兆，并迅速采取行动，也是因为它早就将视线投向了硅谷。

天线与先见之明

戴姆勒明明是一家德国车企，为何会在第一时间关注到硅谷的动向，进而生出紧迫感？原来戴姆勒早在 1995 年就在硅谷设立了研究机构。当时正值互联网的黎明期，还没人提什么"汽车行业的结构性变化"，戴姆勒也还没有与克莱斯勒合并。就这样，戴姆勒成了第一家在硅谷设立研究机构的车企。

机构的任务是紧盯微软、苹果和摩托罗拉等企业，分析消费电子领域的技术发展趋势，并预测人口老龄化、千禧一代[1]的崛起等长期性的社会变化对需求的影响。基地会根据收集到的信息对美国市

1　20 世纪 80 年代初至 21 世纪初出生的"数字原住民"（Digital Natives）。

场做长期趋势预测，并上报德国总部。早在 20 世纪 90 年代末，戴姆勒就启动了车辆联网实验（这不就是今天的网联化吗），还尝试过在车上搭载 iPod。细算起来，戴姆勒在 CASE 领域深耕了 25 年都不止。

不过，尽管戴姆勒早就在硅谷安插了"天线"，但是将这家老牌车企推向变革的最终还是埃隆·马斯克领导的特斯拉。

戴姆勒负责北美地区的高管在 2017 年对我坦言："像特斯拉首创的 OTA 这种'天知道什么时候才能实现的技术'是很难研发的，除非有马斯克这样强势的一把手自上而下推动。戴姆勒高层目睹了特斯拉在自动驾驶、软件和电池开发等方面展现出的惊人速度，危机感直线上升，觉得他们那样的高速管理是非常必要的。"

2009 年，戴姆勒入股特斯拉，注资 5000 万美元，相当于当时特斯拉市值的 10%。此时马斯克才刚刚就任特斯拉 CEO。虽然戴姆勒在 2014 年转让了这些股份，但这笔投资带来了无法用数字衡量的巨大影响（据说戴姆勒通过这项投资考察了特斯拉在电池开发方面的技术能力）。起初只有 20 人左右的戴姆勒研究机构的定位也在这一时期发生了转变，其工作重心从"把握技术发展趋势"转向了"为梅赛德斯－奔驰开发网联化服务"。如今该机构职员多达 300 人，规模今非昔比。

对 CASE 热情不再？

在转型过程中，戴姆勒最为关注的就是"高速管理"。"以往的决策速度与行动速度不足以及时了解和建立新的商业模式"已成所有人的共识。只要是开发自动驾驶需要的，无论是芯片开发、算法构建还是商业模式开发，都不过度依赖自企的供应链，在与外界灵活合作的前提下想方设法加快进程。最典型的例子莫过于旨在援助孵化初创企业的"百日加速营"（Startup Autobahn）项目。发起这一项目就是为了迅速获得自企内部没有的技术和人才。此举也能有效扩充总部高层直辖的投资职能。

硅谷的研发机构成了组织转型活化的起点。多亏它及时预警，总部才能察觉汽车行业和商业模式的变化征兆。戴姆勒还设立了专门面向组织内部征集并开发新商业模式的部门，鼓励员工构思契合世界各地（包括北京和柏林）情况的移动出行服务。正是这一举措催生了戴姆勒的主要网联服务"Mercedes me"、汽车共享服务"Car2Go"和提供公共交通路线规划、支付等服务的平台"Moovel"。

乍看之下，戴姆勒似乎成功应对了源自硅谷的颠覆性创新，但挑战依然存在。即便在硅谷，与开发自动驾驶功能所需的最新 AI 相关的人才也极为有限，是各家激烈争夺的对象。雇用其他领域的优秀工程师的成本也几乎高达德国的两倍。戴姆勒内外都有人对这笔开销的性价比提出质疑。

戴姆勒正在开发的乘用车自动驾驶技术的路线图一再推迟，还有传闻称它要将自家的网约车平台 Free Now 转让给优步。在电动汽车领域之外，戴姆勒对 CASE 的热情似乎有所下降。不过撇开这些问题不谈，我们完全可以说戴姆勒拥抱硅谷的努力取得了一定的成果。

———————————— **案例研究 4** ————————————

安波福：自我标榜"零级供应商"的
汽车零部件制造商

2018 年 1 月，拉斯维加斯。我搭乘的飞机在璀璨夺目的夜景中降落于拉斯维加斯麦卡伦国际机场，此行的目的是参加一年一度的 CES。据说每年有近 20 万人自世界各地赶来观展。CES 原本主打消费类电子产品，但汽车的数字化转型为它增添了"全球汽车行业盛会"的属性。CES 最主要的展区——拉斯维加斯会展中心的核心展位已成为汽车行业参展商的天下。

放眼会场周边，你会发现一支格外显眼的车队。每辆车都是白色的宝马 5 系，轮胎刷得鲜红，车身上印有五个硕大的字母"APTIV"（安波福）。由于 CES 的各个展区相隔较远，观展期间需要频频通过优步、Lyft 等手机 App 叫车转战数英里外（由于叫车频率过高，充电宝都成了必需品）。如果你运气够好，就能坐上安波福的车，在享受宝马舒适性的同时体验自动驾驶的神奇。车上坐着司机，以便紧急干预，但在正常情况下，驾驶由计算机全程掌控。安波福早在三年前就实现了这项技术。它虽是一家汽车零部件制造商，却力争突破制造业的框架。那就让我们在本章的最后研究一下这家不走寻常路的企业吧。

我们无意成为自动驾驶按需出行服务[1]运营商或网络运营商，也无意开展车队运行管理业务。将这些企业的各种服务自动化并提供给他们才是我们的目标。

——2018 年 安波福 CTO 格伦·德沃斯（Glen DeVos）

1　英文为 Automated Mobility on Demand，安波福对"基于自动驾驶的网约车业务"的称呼。

通用汽车的零部件部门剥离后，成立了一级零部件分包商德尔福（Delphi）。2017年12月，德尔福的动力总成系统事业部被拆分为安波福。

安波福原本是一家典型的制造业企业，主要生产发动机零件。但在通用、福特等汽车巨头收购硅谷初创企业（详见上一章）的同时，其前身德尔福也开始收购自动驾驶领域的企业，或与之开展合作。

转折点出现在2017年10月，即安波福诞生前不久。德尔福宣布斥资4.5亿美元收购nuTonomy[1]。就是从那时起，安波福的长期业务方向发生了重大转变——从"制造"转向了"自动驾驶系统供应商"。我在CES乘坐的宝马网约车也有"为安波福自动驾驶系统提供实证研究"的作用。

安波福可谓步履如飞。2019年9月，它宣布与韩国现代汽车联合成立自动驾驶合资企业"Motional"，nuTonomy的管理团队也转移至此。后来，Motional发布了与Lyft在美国主要城市推出自动驾驶出租车服务的计划。

1　在波士顿、新加坡等地开发自动驾驶软件的初创企业。

将自己定位为"零级供应商"

安波福的业务转型为何如此迅猛？因为它预计，汽车行业的附加值将在不远的未来从硬件加速转向软件。安波福重新定义了自己，希望在未来不仅销售基于制造的零部件，还提供实现互联和自动驾驶的软件，以及使之成为可能的整个系统架构（包括计算能力和数据分析等）。以安波福高度关注的自动驾驶为例，自动驾驶软件的更新、车辆监控、帮助分析从车辆获取的大量数据等服务都能向客户收费。在这样的商业模式中，业务不再只是"销售零部件"。安波福与客户的关系会更偏向对等的长期伙伴关系。[1]

当然，以一己之力跟上技术的飞速发展已是难于登天。因此在产品研发方面，安波福也果断调整策略，通过收购等方式与外部伙伴积极合作。欧洲、美国和中国的跨国车企与零部件制造商几乎已形成共识：闭门造车（在自企或集团内部解决问题）是行不通了。

于是安波福积极开展收购和合作，在短时间内从一介"汽车零部件制造商"升级成了足足 6000 名软件工程师的雇主，其业务已

1　之前提到的与现代汽车合资创办企业、与 Lyft 共同开展自动驾驶实证研究都是典型的对等合作伙伴关系。

涵盖云、车载软件应用、操作系统、计算和传感器等多个领域，足以服务从车企到移动出行服务商的各类客户。安波福已然将自己定位为实质上的"零级供应商"。

失败是成功之母

安波福当前采取的战略还有一大特征，那就是"力争成为车企和初创企业之间的纽带"。一位住在硅谷的前安波福员工说：

"对车企感兴趣的初创企业基本上都会来找我们。通常情况下，车企是不愿意直接和只有二十几个员工的初创企业打交道的。一些初创企业没有汽车行业的经验，而车企也懒得跟他们普及行业动向。我们能在这方面发挥中间人的作用。如果双方要做 PoC[1]，往往需要我们居中协调。"

除了之前提到的 nuTonomy，安波福还基于同样的理念收购了若干初创企业，与之开展合作，比如专注于车辆数据分析的 Control-Tech 和为 MaaS 运营商提供数据处理服务的 Otonomo。换句话说，安波福的战略主旨就是"不只提供部件，还要预判未来

---

1 Proof of Concept（概念验证），即验证新技术或创意是否可行的过程。

产业结构转型（如 CASE 的发展）会需要的业务，先于软件服务开发新产品"。

"安波福原本是一家传统的一级分包商，直到一年前才新设了产品经理职位。因为我们只要接汽车制造商的订单，按订单要求制造产品就可以了。但如今的安波福有了产品经理，负责根据客户需求开发并制造产品。为迎接数字时代转型确实费时费力，但现在正是改革的良机。"（之前提到的前安波福员工）

至于上述方法是否正确，我们还无法下定论。说不定以失败告终的可能性更高一点。"评估硅谷和世界各地的无数初创企业，分析其技术和管理团队的能力并择优合作"确实很难，但"与不了解汽车行业质量方针、决策速度和惯例的初创企业合作"恐怕也不容易。

但我们还是应该本着"失败是成功之母"的精神大胆摸索。相机（从胶片到数码）、电视（从画质到内容）、手机（从非智能到智能）……回顾工业史，就能找到许多行业规则在数字化开始的刹那发生剧变的例子，即便是盛极一时的巨头也可能突然没落。汽车行业恐怕也不会是例外。

在数字化迅猛发展的大环境下预测汽车行业的走向，思考自企的未来定位和有望提供附加价值的产品，为实现目标掌握必要的能力，在必要时不吝于从外部引进技术——虽然我们还不知道安波福的选择是不是正确答案，但这个过程与态度才是重中之重。即便手中没有正确答案，也要设想多种情况，尽快迈过不可避免的失败，掌握速度层面的竞争力，这才是安波福的当务之急。将"不出错"放在首位的时代已经一去不复返了。

下面让我们移步欧洲，探访当地汽车行业的最前沿。

第四章

欧洲汽车行业的现状

■ 桑岛浩彰

几家欢喜几家愁

德国柏林东南部有一座名叫格伦海德（Grünheide）的小镇。它夹在两座湖泊之间，境内有自然保护区，居民约 8700 人。2020 年初，喧嚣打破了小镇的宁静。有消息称，格伦海德将建设一座巨型电动汽车工厂，计划雇用 1.2 万人，比本地常住人口还多。

计划的牵头人就是特斯拉的埃隆·马斯克。格伦海德一片欢腾，每天都能接到大量的开发提案，从高层公寓到购物中心，涉及方方面面。

但在不久前的 2019 年 11 月，德国南部城市斯图加特[1]的 1.5 万名车厂工人在工会的组织下沿街游行。工人们冒着寒风，挥着红旗，

1　戴姆勒、保时捷等车企总部所在地。

抗议电动化造成的裁员与工厂关停。次年，戴姆勒和大众宣布将在数年内分别裁减 1 万人左右。德国汽车零部件巨头大陆集团也表示有调整人员（包括裁员）的计划，届时将有 3 万人受影响，占员工总数的 10% 以上。

明明身处同一个国家，置身于同一个行业，却是几家欢喜几家愁。这个盛极一时的造车大国究竟遭遇了什么？

大众集团是全球最大的汽车制造商。它有 83 年的历史，员工多达 67 万名，旗下有奥迪、保时捷、兰博基尼和宾利等 10 多个品牌。当时 62 岁的集团掌门人赫伯特·迪斯（Herbert Diess）[1] 在 2020 年 11 月的一次会议上难掩强烈的危机感，提了特斯拉一把手的名字足足 31 次。要知道特斯拉的年产量不过大众的 1/20，员工人数也不到大众的 10%。若将其比作蝼蚁，那大众无异于巨象，迪斯的发言却给人以巨象面对蝼蚁战战兢兢的印象。

大众、戴姆勒等称霸汽车行业多年的巨头为了生存迎战埃隆·马斯克领导的颠覆者特斯拉——这就是当下欧洲汽车行业的现状。

1　2022 年 9 月 1 日卸任大众集团管理委员会主席及 CEO。——译者注

大众：大幅增产电动汽车

那就从大众的概况聊起吧。

2015 年，迪斯离开宝马，加盟大众集团。在他的领导下，大众汽车对新开发的电动汽车平台 MEB 豪掷 70 亿美元，并计划在 2025 年之前投入 860 亿美元研发电动化等方面的技术。大众计划将 MEB 运用于奥迪等旗下品牌，在 2030 年前将电动汽车产能提高到 2600 万辆。2020 年全集团的电动汽车销量为 23.1 万辆，而大众希望在 2021 年将这一数字翻一番。

大众的电动汽车平台"MEB"

作为实现目标的第一步，大众已经开始在茨维考工厂[1]生产基于 MEB 的电动掀背车"ID.3"了。据彭博社预测，欧洲的电动汽车销量将在 2030 年飙升至 770 万辆（2019 年仅 50 万辆不到）。为争夺这个即将诞生的巨大市场，各方已吹响激烈竞争的号角。大众计划到 2022 年将包括中国在内的全球八处工厂转为电动汽车专用生产基地，同时向包括福特在内的竞争对手授权供应 MEB 平台。

巨头相继推出电动汽车

说回计划在德国建设电动汽车工厂的特斯拉。

格伦海德工厂计划从 2021 年 7 月开始生产，年产 50 万辆，高于之前提到的大众茨维考工厂。生产工作从 Model Y 起步，除了车辆还计划生产电芯[2]和电池包[3]。不仅如此，特斯拉还暗示将在 2020 年 11 月推出一款为欧洲密集的城市环境量身定做的小型掀背车，震撼了欧洲车企。

因为欧盟提出在 2050 年前实现碳中和，以财政部部长彼

1　冷战时期，民主德国曾经在这里生产过卫星牌轿车。

2　构成电池的单元。

3　包含电池模块的金属容器，组合控制多个电芯。

得·阿尔特迈尔（Peter Altmaier）为首，德国政府对特斯拉表示欢迎。大众 CEO 迪斯也在 2020 年 9 月与马斯克进行了近两个小时的会谈，并在会后发表如下感言。也许他的内心并不平静，但在表面上未失敬意。

"特斯拉的到来将会刺激德国市场的竞争，推动我们建立起来的产业加速转型。"

但特斯拉的建厂计划并非一帆风顺。环保组织以"可能危及冬眠中的蛇"为由起诉，致使当地法院下令暂停在建设用地砍伐森林。虽然工程最终可能会被批准，但进度已是一拖再拖。

试图阻挡特斯拉的当然不是只有大众和环保组织。在 2019 年的汽车销量排行榜上排名第十一位的巨头戴姆勒也宣布，将在 2025 年前投资 850 亿美元，用于电动化和数字化，并推出 10 款电动汽车和 25 款混动汽车。排名第十三位的宝马也将在 2021 年底于欧洲推出旗舰电动汽车"iX"，并计划在 2023 年底前将电动汽车和混动汽车增加到 25 款。

2021 年 1 月诞生的斯特兰蒂斯也值得关注。它由菲亚特克莱斯勒与标致雪铁龙合并而成，旗下共有 14 个品牌，包括意大利的菲亚特、玛莎拉蒂和阿尔法·罗密欧，法国的标致和雪铁龙，以及美国的吉普和道奇等。年产量约 800 万辆，是全球第四大汽车制造商。

据说合并谈判始于菲亚特克莱斯勒的 CEO 迈克尔·曼利（Michael Manley）和 PSA 的 CEO 卡洛斯·塔瓦雷斯（Carlos Tavares）于 2019 年 3 月在瑞士日内瓦车展上的会面。起初迟迟没有进展，以至于菲亚特克莱斯勒转而向雷诺提议合并，但谈判最终破裂。后来，菲亚特克莱斯勒再次向 PSA 提议谈判，终于实现了这场大合并。

斯特兰蒂斯今后的成败，取决于它如何完成下列目标：实现合并带来的协同效应（据估算高达 60 亿欧元）、改变在中国市场缺乏存在感的局面、对 CASE 相关业务进行巨额投资并取得成果。与此同时，如何扶持玛莎拉蒂、阿尔法·罗密欧等销售不佳且产量严重过剩的品牌也是斯特兰蒂斯不得不面临的挑战。

诺基亚的教训

在第二章中，我们以发源于美国硅谷的变革为起点，对急于转型的美国汽车行业（包括福特、通用等巨头）做了一番考察。转型的大背景，其实是面对行业趋势剧变时产生的强烈危机感。另一个深感危机的国家就是欧洲汽车行业的领军者——德国。德国与日本一样，一度靠以汽车业为主的制造业享尽荣华。但在过去几年中，车企及大型零部件制造商都成功完成了数字化转型。早在日本关注数字化转型之前，德国企业就已经通过投资、收购、合并等手段提前布局了。

德国企业为何能在第一时间产生如此强烈的紧迫感？

与欧洲汽车从业者交流时，曾经的芬兰手机巨头诺基亚被提及的次数多得惊人。想当年，诺基亚曾是全球非智能手机市场的龙头老大。但随着 iPhone 等智能手机的登场，诺基亚迅速没落，深陷财政危机。"我们会不会沦为第二个诺基亚"——欧洲车企的危机感就来源于此。

手机本是硬件的集合体，所以称霸市场的也是有能力生产硬件的制造商。但随着时代的发展，智能手机登上历史舞台，并与基于应用程序的软件服务（比如乐曲的在线发布）相融合，在业界掀起了以软件为主导的新潮流，吸引消费者的价值也因此发生剧变。使用应用程序和操作系统的消费者受网络效应影响，使市场份额向 iPhone 和搭载安卓系统的智能手机集中。昔日的硬件之王诺基亚就这样败下阵来。

说不定同样的事情也会发生在汽车行业——擅长制造硬件（车）的车企一旦在网联化、智能化等数字领域远远落后，就会走向没落。"只要会造车就能称王称霸"的时代已经一去不复返了。"也许我们即将迎来一个为掌控软件和数据的新霸主生产汽车的时代"——欧洲车企都产生了这样的危机感。

那它们是如何与时俱进的呢？让我们以欧洲老字号戴姆勒为例，深度剖析一番。

———————— **案例研究 1** ————————

戴姆勒：从"卖奔驰的"到 MaaS 玩家

2017 年 11 月，冷雨纷飞。我搭乘的飞机降落在美因河畔的法兰克福机场。此行的目的是参加世界主要车展之一的法兰克福车展。在新冠疫情之前，法兰克福车展是每两年一次，与巴黎车展交替举办。参展的日本企业不在少数，自然也有大量日本业内人士到场参观。

在机场酒店登记入住后，因我需要出门开会，便询问酒店前台"哪个网约车 App 最好用"。工作人员推荐的是戴姆勒运营的"MyTaxi"[1]，其基本原理与优步并无不同。点击叫车后，App 会为用户匹配附近的注册出租车，等待几分钟即可上车。

———————————————

1　现已更名为 FREE NOW。

车展期间，多亏这款 App 为我提供了出行的便捷。MyTaxi 成立于 2009 年，2014 年被戴姆勒收购，之后不断收购以欧洲企业为主的网约车服务商，在新冠疫情之前便已发展成网约车巨头，服务网遍及 15 个国家的 110 座城市，注册用户超过 2000 万人。

除此之外，戴姆勒旗下还有共享汽车领域的先驱 Car2Go[1] 和多式联运[2] 服务平台 Moovel。它正以这 3 项业务为立足点，摆脱传统车企的角色（只提供车辆），稳步确立其 MaaS 玩家的地位。绝不让擅长数字技术的硅谷势力夺走车辆产生的数据和为之提供基础的客户接触点——正是这份决心让戴姆勒走了这一步。

能体现戴姆勒决意的举措又岂止这一项。2019 年，戴姆勒宣布与"宿敌"宝马整合多项业务，包括共享汽车及充电等。今后的业务成败取决于能否在第一时间建立平台，在用户数量上达成临界质量[3]，掌握市场的主导权，为此戴姆勒才会毅然牵手"昔日劲敌"。

1　戴姆勒 2008 年成立的子公司。

2　Multi-Model Transport，结合多种公共交通模式（如公共汽车、轨交等），提供最佳出行路线和支付方式。

3　Critical Mass，产品或服务爆发式普及的临界节点。

据说之前提到的 3 项业务在新冠疫情之前都尚未实现赢利，但在拥车形式不断进化的过程中，这也算是一次很有意义的尝试，为建立超越"造车卖车"范畴的新商业模式打下基础。另外在 2020 年 10 月，有消息称优步有意收购 FREE NOW，报价高于 10 亿欧元。如果报道属实，就意味着 FREE NOW 已经发展成了一家"值这个价"的企业。

果断调整组织结构

站在企业的角度看，收购或长期扶持多项有发展潜力但无法立即赢利的业务绝非易事，高层的深度参与和组织结构调整必不可少。无利可图的新业务将不可避免地受到赢利业务部门的排挤。

如前一章所述，戴姆勒大刀阔斧的组织变革正是当时的 CEO 迪特·蔡澈强势推进的结果。2019 年 12 月，戴姆勒将两大传统业务板块（造车及金融服务）重组为四家公司。"戴姆勒 AG"[1] 为控股公司，下设"梅赛德斯－奔驰 AG"（统筹乘用车部门）、"戴姆勒

---

1   Aktiengesellschaft，即股份公司，下同。

卡车 AG"（统筹商用车部门，2021 年 2 月宣布单独上市）和"戴姆勒移动出行 AG"（负责金融服务和移动出行服务）。这一系列的结构调整确保了组织的灵活性，特别是在移动出行服务领域，使戴姆勒更能站在中长期视角与其他企业灵活开展合作。

针对这场百年一遇的汽车行业剧变，德国汽车制造商给出的答案是迅疾的收购、兼并和组织结构调整。我们能透过这一系列举措看出德国车企的决心——死守重要性日益上升的客户接触点和由此产生的数据，绝不让外国势力夺走。宝马也与西门子、博世和德国电信（Deutsche Telekom）等多家企业开展合作，宣布在 2020 年 6 月建立欧洲专属云端数据运算平台 GAIA-X。想必此举也建立在同样的逻辑之上。

德国的汽车行业还有一个特征：各大汽车零部件制造商正试图打破"分包商"这一传统的角色框架，探索新的潮流趋势。尤其是在以电动汽车为首的 CASE 领域，它们正逐渐成长为比肩车企的一大势力。

下面就让我们仔细研究一下博世、大陆和采埃孚这三家零部件巨头吧。也许在它们看来，眼前这场大变革反而是"天赐良机"。

博世：40% 的业务转向"智慧城市"

2019 年初，美国拉斯维加斯。如前所述，全球最大的消费类电子产品展会 CES 每年都会在这一时期举行。在这一年的 CES 期间，德国汽车零部件巨头博世推出的宣传片"来个博世"（Like a Bosch）颇受关注。宣传片的主角是个看似普普通通的中年男子，只见他唱着欢快的说唱歌曲跳着舞，轻松玩转联网的咖啡机、吸尘器和奔驰车，宣告物联网时代的到来（感兴趣的朋友可以上视频网站观看）。博世旗下的产品种类繁多，汽车零部件自不用说，家电、电动工具和大楼管理系统等亦在其中。宣传片的主旨就是将这些产品与物联网这一关键词串联起来，给观众留下"博世以高科技见长"的印象。

宣传片的主旨非常明确：通过产品构建智慧城市，就是博世的宏大愿景。

自从丰田宣布要在静冈县建设"Woven City"，表示要运用物联网等技术，以互联网连接并管理城市的所有基础设施和

"来个博世"

生活环境，"智慧城市"的概念也在日本引起了广泛关注。中国正在大力建设的河北雄安新区也在朝巨型智慧城市迈进。在北美，字母表旗下的 Sidewalk Labs 却放弃了在加拿大多伦多建设智慧社区的计划。由此可见，智慧城市是一个瞬息万变的领域。

博世既有汽车零部件等移动出行领域的业务，也有家电、机器人和能源管理方面的业务。若以日企打比方，就相当于集松下、发那科（FANUC）、日立的一个部门和电装为一体的复合型企业。对这样一家企业而言，智慧城市就是最理想的发力点。博世已经在全球 14 座城市参与了"广域智慧城市开发项目"，并计划在其他城市铺开。博世移动解决方案业务部的负责人说：

"博世与其他一级供应商的不同之处在于，我们的业务涵盖了包括智慧城市在内的各个领域，并不仅限于汽车。在如何通过安装在车辆上的各种传感器检测并分析各类信息这方面，我们也有丰富的经验知识。我们会将这些信息上传到博世自己的云平台，并运用于其他服务。"（摘自网络媒体"Response"2017 年 11 月 8 日的报道）

从"物"的供应商进化为"运用自己收集的数据提供移动出行服务的玩家"，进化的关键词正是"智慧城市"。在"进军智慧城市"这方面，整车制造商丰田和零部件制造商博世的先天条件并无不同。车企和零部件制造商之间的上下级关系已不复存在，双方将渐渐发展成纯粹的竞争对手关系。

光造好车还不够

那就再具体分析一下博世的最新动向吧。

移动出行是智慧城市的其中一个领域。博世有意构建基于可再生能源的多式联运系统，并推动网联车市场的发展。博世现任 CEO

沃尔克马尔·邓纳尔（Volkmar Denner）[1]的发言具有一定的参考性：

"光造好车还不够。我们必须探索改善交通拥堵和环境问题的方法。移动出行需要更为'灵活'的视角，因为在一些大城市，交通总量将在2050年上升至现在的3倍。交通不仅要追求电动化和智能化，还要通过互联网实现互联互通，并通过运用数据使其更加方便和舒适。只有实现了电动化、智能化和网联化，才能尽可能靠近'零排放、零事故和零拥堵'的目标。"（于法兰克福车展）

不难看出，博世的宏伟愿景并非建设智慧城市本身，而是通过建设智慧城市实现"零排放、零事故和零拥堵"。

处境优于车企？

如前所述，丰田等整车制造商与博世等零部件制造商将发展成纯粹的竞争关系。这一点非常重要，请容我再强调一下。

一位熟悉博世的消息人士表示："博世所处的位置比整车制造商更为有利。"

"博世不同于只会造车的车企，它有能力向城市提供'成体系'

1　2021年底卸任，新CEO斯特凡·哈顿（Stefan Hartung）此前是集团移动部门的负责人。——译者注

的解决方案，包括移动出行服务、能源管理等。站在城市的角度看，找一家为多家车企供应零部件和服务，并能跨制造商提供数据的企业合作，显然比牵手'只能提供自家的产品和服务'的车企更合理。"

平心而论，上述发言略有高估博世之嫌。结合博世内外的消息人士的发言，可知博世确实正在世界各地开展智慧城市领域的实证研究，但这些项目仍处于"实验"阶段，还处在收集各个城市的交通问题并构建用例[1]的过程中。有人明确指出，"设计计费与收益模式是下一个阶段的事情"。

前面那位"高估"博世的消息人士也表示，"目前正在测试的各种解决方案分散在各处，平台也尚未统一"。看来智慧城市的实现还需要一些时间。但博世在第一时间启动了短期内无利可图的智慧城市项目，并且愿意投入成本探索移动出行服务的未来，这种态度有许多日本供应商可以学习的地方。

"网联化"仍是重中之重

为实现"智慧城市"这一宏大愿景，博世具体采取了哪些举措？

1　Use Case，实际使用产品或技术的场景。

我们不妨聚焦移动出行领域，重点关注网联化和智能化这两部分。

如前所述，网联化是 CASE 中最重要的元素。博世强调自己在传感器、软件和服务（3S）方面具有优势，开发维度亦多种多样，包括 OTA 及基于社区的停车解决方案（运用从驾驶员处收集的信息实时寻找可用停车位）。

2018 年 2 月，博世新设了互联出行解决方案（Connected Mobility Solutions）事业部，员工多达 600 名，负责打造面向驾驶员的互联服务（包括自动泊车功能）、网约车服务和汽车共享系统等。

> 车辆网联化将从根本上改变移动出行的方式，从而解决目前的交通问题。这是博世最有潜力的发展领域，我们的目标是实现两位数的增长。
>
> ——CEO 邓纳尔

创建基于互联移动出行服务的数据访问机制，将成为取得胜利的关键。

在智能化方面，博世正与各领域的佼佼者合作进行技术开发。博世的举措还有一个很重要的点，那就是与德国的另一大制造巨头戴姆勒深度合作。双方正在联合开发自动驾驶汽车（联合开发自动驾驶软件和算法），力争在 2021 年到 2022 年投入使用。事实上，双方合作的这个项目在 2019 年就于德国获得了"L4 级自动行驶泊车功能"的认证，同年于美国圣何塞启动了基于自动驾驶汽车的网约车服务实验。博世也在积极与世界各国的领先企业合作，具体包括在中国为百度的自动驾驶项目（详见第五章）提供传感器、与美国半导体制造商英伟达合作开发针对自动驾驶的超级计算机等。

但博世也遇到了与其他企业一样的问题——通过移动出行服务赢利谈何容易。博世旗下的电动摩托车共享服务"Coup"已于 2019 年 12 月关停。

再看最新动向：2020 年 7 月，博世将全球汽车软件和电子业务整合成了智能驾驶与控制（Cross-Domain Computing Solutions）事业部。预计到 2030 年，博世在该领域的相关市场规模将增长到 900 亿美元。

———————— 案例研究 3 ————————

大陆集团：轮胎制造商入局自动驾驶汽车

大陆集团是全球知名轮胎制造商，规模仅次于普利司通（Bridgestone，日）、米其林（Michelin，法）和固特异（Goodyear，美）。它在1871年诞生于德国，于2021年迎来了150岁生日。虽然提起"大陆"二字，人们总会立刻联想到轮胎，但其轮胎业务的规模其实已经下降到总销售额的26%（2019财年）。在过去的15年里，大陆集团兼并收购了100多家企业，如今已然发展成全球领先的汽车零部件制造商之一，从轮胎到所有与汽车有关的硬件和软件均有涉猎。

从提供基于云的车辆软件更新和服务平台（包括故障预测及车辆管理等功能），到开发自动驾驶汽车……车企未来在数字领域所需的一切功能，大陆集团都可以一站式提供。2019年，大陆集团宣布其动力总成部门[1]将拆分上市，并进一步重组为两个部门，一个专注传统的轮胎和橡胶制品，另一个则负责自动驾驶与车辆软件。这一系列的举措，堪称汽车行业数字化转型的典范。

早在2016年，大陆集团的年报中就有这样的表述："近年来，汽车行业重新定义了新一代移动出行的愿景，即'零事故、零排放与全面联网'。业界需要的解决方案是提供新技术，

---

[1]　具体业务为生产发动机和进气/排气系统。

并开发新服务和基于 App 的移动出行服务。"

2017 年，当时的董事长沃尔夫冈·雷茨勒（Wolfgang Reitzle）表示："移动出行领域的增长一度由马力驱动，但今时今日，增长的原动力变成了计算机，以数十亿比特或字节为单位。我们将从轮胎制造商、汽车零部件供应商和车企合作伙伴转型为开发先进技术和服务领域的'新晋玩家'。"

大陆集团希望通过"从硬件到软件、提供服务"的转型冲出传统的零部件行业，杀出一条生路。2020 年 12 月，刚上任一个月的新 CEO 尼古莱·泽策（Nikolai Setzer）便宣布拿到了一笔价值 50 亿美元的车载中央计算机订单。想必这一趋势将不断加速。

大陆集团勾勒的蓝图

早在 20 世纪 90 年代，大陆集团就开始将重心从轮胎和硬件产品转向数字技术。我们完全可以说，大陆集团在第一时间预测到汽车行业的数字化，并在相关领域开展了脚踏实地的研发与投资。大陆投资自动驾驶核心技术传感器（相当于车辆的"眼睛"）的历史可以追溯到20世纪90年代初。90年代后期以来，大陆集团兼并收购了100多家规模各异的企业，持续加强、扩大涵盖数字技术的业务领域，对HMI[1]的研究也持续了十多年之久。大陆集团的策略是通过积极与其他企业合作获取和补足自企难以拥有的技术，实现稳步增长。

大陆集团在技术层面不追求自给自足，而是着眼于客户——车企的需求，从单个部件走向集成多个部件的模块，又从模块升级成集成模块的平台，稳步走向价值链的上游。

富有远见的大陆集团勾勒了一幅怎样的未来蓝图呢？

大陆集团在2019年发布了"2030战略"及架构调整规划"变革2019—2029"。前者强调要通过调整组织结构和业务组合提高业务效率和生产力，面向未来的增长领域进一步选择和集中。正是基于这一愿景，大陆集团宣布将其动力总成部门（包括内燃机）拆出来成立"纬湃科技"（Vitesco Technologies），独立上市。这一愿景所设想的增长领域包括智慧互联、自动驾驶解决方案和电动出行，与CASE有着异曲同工之妙。

"变革2019—2029"的重点是彻底减少成本，侧重关键领域。

1　Human Machine Interaction，人机界面，主要指驾驶员和车辆之间的信息接触点，以驾驶座为中心。

通过削减人员和投资、关闭部分工厂、转让合资企业的股份等方式，力争到 2023 年实现每年削减 10 亿欧元成本的目标。投资兼并要积极开展，可一旦认定某项业务是"不必要的"，就迅速撤退——我们可以从中感觉到大陆集团对变革的坚定决心。

归根结底是"数据"之战

让我们简单梳理一下大陆集团在网联化和智能化方面的举措。先看网联化。

大陆集团有自己的云信息服务平台"Continental.cloud"，汽车制造商和经销商可以用它开发自己的服务，比如分析车辆产生的数据、创建地图数据等。5G 技术和 OTA 是实现网联化与智能化的必备基础，而大陆也在相关领域开展了大范围的研发工作。

大陆集团的一系列举措呈现了一个显著的特点：旨在建立、提供"连贯统一的数据服务平台"，基于从联网车辆和基础设施采集的数据提供服务。我们可以从中隐约看出德国汽车行业的急切心境——死守车辆产生的数据和获取这些数据的接触点，决不让意欲进军移动出行领域的谷歌、亚马逊等 IT 企业染指。

例如，大陆集团构思了一种商业模式：在其云服务器上存储、分析来自各路车企的车辆数据，对数据本身进行匿名处理，只向包括车企在内的第三方出售根据数据得出的分析结果。大陆集团绝非特例，其他提供此类服务的零部件制造商也明确表示，它们不对车企提供的数据主张所有权。它们的态度是只分析从车辆上获得的数据，贯彻"分析者"的立场，通过数据服务获得收益的机会则交给车企。在车企看来，IT玩家只顾着扫荡数据，企图凭一己之力实现赢利，相较之下，大陆集团这样的汽车零部件制造商才更像是愿意与自己"共存共荣"的合作伙伴。

随着5G等基础设施的发展，会有越来越多的车辆接入互联网。再加上自动驾驶的普及，车辆产生的"移动数据""地图信息"等大数据就是新时代的竞争力源泉，是人人都想咬上一口的肥肉。受《通用数据保护条例》（GDPR）[1]和其他欧洲信息数据法规的影响，关于车辆数据所有权的争论恐怕不会很快尘埃落定。但对汽车行业而言，最关键的显然是"数据的主导权在谁手中"。照理说，直接接触客户的车企应该有压倒性的优势，但戴姆勒等车企担心失去数据接触点，以至于连语音识别技术都要自主开发。可以毫不夸张地说，欧洲汽车行业打响了一场"数据"之战。

1　General Data Protection Regulation，欧盟内部关于保护和处理个人数据的法律。

"重要的收益将在 2030 年后产生"

在自动驾驶领域，大陆集团前CEO埃尔马·德根哈特（Elmar Degenhart）在 2019 年做出了如下预测：

"到 2030 年，驾驶辅助系统将带动自动驾驶的周边市场。（自动驾驶相关业务的）重要的收益将在 2030 年后产生。"

这话听着略显消极，但要是解读成"只有稳步做好准备的人才能享受 2030 年之后的繁荣"，就不难理解为什么大陆集团要如此大刀阔斧地进行结构调整了。

目前大陆正在着手研究传感器等自动驾驶必需的零部件，开发高速公路自动驾驶功能"巡航司机"（Cruising Chauffeur），连自动驾驶车辆本身都有涉足。大陆在 2019 年发布了一款名为"CUbE"的无人驾驶出租车和一款名为"Bee"的自动驾驶概念车，足以体现它在自动驾驶领域拥有不为人知的技术水平。这样一家企业完全有可能在不远的未来突破"提供零部件"的局限，自行造车卖车。所以坊间盛传大陆的目标是从 T1 供应商转型为"T0.5 玩家"。

无人驾驶出租车"CUbE"

<hr />

案例研究4

采埃孚：从"齿轮厂"到数字玩家

如前所述，博世与大陆集团分别通过"布局智慧城市业务"和"大举并购"完成了组织转型，以适应汽车行业的新阶段。

接下来要介绍的采埃孚则通过大规模并购迅速发展成为全球领先的汽车零部件制造商。2015年，它以124亿美元收购了美国零部件制造商天合汽车（TRW Automotive）。

采埃孚（ZF）是德语"齿轮厂"（Zahnradfabrik）的缩写。从这个名字就能看出采埃孚以齿轮等变速装置和驱动装置起家，是所谓的机械专业户，与德国本土车企联系紧密。当时的天合汽车则以电子控制技术和电子传感器见长，主要客户是美国车企。此次收购的一大目的正是在产品和客户方面创造巨大的协同效应。换言之，采埃孚用短短数年便完成了大陆集团花了大约 20 年才办成的事。

当时的 CEO 斯特凡·索默（Stefan Sommer）大力推动了采埃孚与天合汽车的业务整合，使昔日的"齿轮厂"一跃升级为数字玩家。采埃孚与大陆集团都称得上汽车行业数字化转型的成功案例。那就让我们纵览一下它的发展轨迹和未来的目标吧。

高举"零愿景"，致力发展自动驾驶与电动汽车

大陆集团提出了"2030 战略"，而采埃孚也在 2017 年提出了"零愿景"（Vision Zero）理念[1]，暗示了今后的发展方向。"零愿景"

1　该理念基于瑞典议会通过的交通政策。

中的"零"指的是"通过自动驾驶技术实现零事故"和"通过电动化实现零排放"。采埃孚正在这一愿景的指引下推进研发工作。值得关注的是,在自动驾驶技术方面,采埃孚从一开始就以"与外部各方合作"为基本方针。

"我们不可能自行研发自动驾驶所需的所有技术,与各方的合作必不可少""（合作）就像是在填补缺失的拼图""想象汽车的存在方式将在 10 年后发生怎样的变化,同时逐步推进现在该做的事"……采埃孚的一位董事在接受《日刊工业新闻》的采访（2017年 7 月 19 日）时如是说。

例如,采埃孚正在与英伟达合作开发汽车超级计算机"采睿星"（ProAI）。英伟达是一家美国半导体制造商,也是全球领先的自动驾驶汽车 AI 半导体开发商之一。2019 年 4 月,采埃孚发布了基于采睿星的 L2 级自动驾驶系统"coPILOT",预计从 2021 年开始供货。采埃孚还与英伟达和德国汽车零部件制造商海拉（Hella）合作,为自动驾驶汽车开发基于 AI 的安全解决方案;与法国汽车零部件制造商佛吉亚（Faurecia）合作,共同开发面向自动驾驶的安全舒适驾驶舱。由此可见,采埃孚正与多方开展合作,以确立其"自动驾驶系统供应商"的地位。

在完成与天合汽车的大宗并购之后,采埃孚的收购热情也没有降温。2019 年 3 月，它用 70 亿美元收购了以开发制动系统闻名的瑞士企业威伯科（WABCO）。

采埃孚计划在自 2018 年起的五年内投资 140 亿美元，用于研发自动驾驶技术与电动汽车。积极开展合作与并购，而不是拘泥于独立研发，采埃孚想要摆脱"汽车零部件制造商"这一标签的决心可见一斑。

能否在追求"双元性创新"[1]的同时改革商业模式

当然，并购的过程也并非一帆风顺。

回顾商业史，便知"并购按计划顺利推进"才是小概率事件。再者，只有在现有业务收益稳定的情况下，才能推进商业模式的变革。一位采埃孚前员工在接受我的采访时表示："采埃孚是一家机械公司。放眼世界，我们在智能互联和自动驾驶领域有明显的劣势，所以才需要与各方合作，穷追猛赶。或者说，我们也没有别的选项。但我认为当前的局势还很不稳定，在这种大环境下故意放弃一项高

1　Ambidexterity，斯坦福大学教授查尔斯·A. 奥莱利（Charles A. O'Reilly）和哈佛大学商学院教授迈克尔·塔什曼（Michael L. Tushman）提出的企业创新理论。

利润的业务是非常荒谬的，即便它与数字化转型无关。采埃孚很有可能继续侧重齿轮、变速器等机械业务。"

问题在于，采埃孚能否找到新老业务之间的平衡点，同时进一步转向新业务？换言之，它能否实现所谓的"双元性创新"，能否在保护好传统业务的同时加快数字化转型，以变革拥抱未来？采埃孚的挑战，也为日本汽车行业展示了一种新的可能。

向欧洲学习：汽车行业数字化转型的三个关键点

本章以德国车企为例，深入分析了欧洲汽车行业的变革方向。欧洲汽车行业的数字化转型可归纳出以下三个关键点。

第一，果断以"并购"补足无法靠一己之力完善的职能。戴姆勒积极收购移动出行服务企业。轮胎制造商大陆集团和擅长制造变速箱等机械零部件的采埃孚也通过积极并购实现了数字化转型。全球各地正上演着激烈的"合纵连横"。

第二，重视开放式创新（open innovation），即与外部各方开展研发合作，有效利用外部资源促进创新。采埃孚与英伟达、佛吉亚的合作就是一个典型。一旦做出"有必要"的判断，就毫不犹豫地与汽车行业之外的企业结盟。尤其在这样一个行业结构剧变的时代，更需要开放式创新。

第三，大胆调整组织结构。能独自开发所有新技术和商业模式的企业寥寥无几，除非你有 GAFA 这个级别的规模和资源，因此业务和资源的选择与集中不可避免。大陆集团果断将其动力总成部门拆分上市，借此将资源集中在数字领域。戴姆勒新设移动出行部门也是出于同样的逻辑。总而言之，要根据战略灵活调整组织结构。

立足于这三点鸟瞰一番，便能痛感各方（必须）突破传统价值链的时代已然到来。

在引领欧洲汽车行业的德国，组织变革就是如此迅猛激烈。在下一章中，我们将把镜头转向亚洲头号汽车大国——中国。中国车企对 CASE 浪潮的反应之快和数字化转型之大有过之而无不及。

第五章

中国汽车行业的现状

■ 桑岛浩彰

"中国引领电动汽车市场"的时代拉开帷幕

2020 年，中国抵挡住新冠疫情的冲击，经济迅速回暖。也正是在这一年，特斯拉再次震撼了中国的汽车行业。

"到 2025 年迈入制造强国行列""新能源汽车新车[1]销量占比达到 20%""到 2035 年将新能源汽车销量占比进一步提高到 60%"……中国制定了一系列目标，并推出种种针对新能源车的补贴政策。受其影响，中国国内一度出现了近 500 家电动汽车制造商，催生出了"电动汽车泡沫"。

2020 年，中国的新能源汽车销量约为 137 万辆（112 万辆电动汽车加 25 万辆混动汽车），同比增长 11%。这一年的中国汽车

1　包括纯电动、混合动力、氢能源等多种汽车。

总销量约为 2530 万辆（同比下降 1.9%），因此新能源车的占比不过 5%，但呈现稳定增长的态势（顺便一提，2020 年的日本新车总销量约为 460 万辆，同比下降 11.5%）。

在这 137 万辆新能源车里，有 12 万辆是特斯拉。要知道特斯拉 2020 年的全球销量也不过 50 万辆，这意味着中国市场为它贡献了 1/4 的销量。

2019 年，特斯拉上海超级工厂只用了 11 个月便宣告建成，年产能达 50 万辆。除了生产 Model 3，这座工厂还在 2021 年生产了近 30 万辆 Model Y，未来还将出口产品到欧洲、东南亚、澳大利亚和日本。

虽然离中国制定的目标还有很大的差距，但我们完全可以说，这片土地也吹响了新能源汽车增产的号角。

2020 年的中国汽车行业还有一个值得关注的动向：在百度、阿里巴巴和腾讯等 IT 巨头的资金支持下，部分电动汽车初创企业在 500 多家竞争对手中脱颖而出。其中最具代表性的就是蔚来汽车[1]、理想汽车、小鹏汽车和威马汽车。仅这四家企业的融资额就高达 80 亿美元。

跨国巨头也是动作频频。大众汽车计划未来每年在中国生产 60

1　2018 年在美国上市。

万辆电动汽车，戴姆勒正要将新款纯电 SUV 投入中国市场，丰田也宣布要和中国车企比亚迪合作（详见下文）。

"中国引领电动汽车市场"的时代即将拉开帷幕。

仅用五年就站在了世界的最前沿

今天的中国已经成为全球最大的汽车市场，贡献了全球新车销量的 30% 左右。中国汽车行业也与欧美一样，在席卷全球的 CASE 浪潮的推动下加速转型。

曾经的"中国制造"总是和"利用廉价劳动力大量生产成本低、质量差的商品"联系在一起，但随着中国的经济增长和劳动力成本的上升，局面正在迅速发生变化。在汽车领域，大众在 20 世纪 80 年代进入中国市场，中外合资办企，一边生产汽车，一边积累技术。汽车行业的玩家不再仅限中国国有车企，电动汽车初创企业也相继登上历史舞台。它们成立仅数年就融资数十亿，实现了飞速增长。百度、阿里巴巴和腾讯等 IT 巨头也纷纷进军汽车行业。因此在短短 5 年里，中国的汽车行业发生了翻天覆地的变化，站在了世界的最前沿。今时今日的中国正逐渐转型为汽车行业的"巨型实验田"。

但我们不能将这一变化片面地定性为"汽车行业的变化"，否则就无法看清本质。必须将 IT 领域的动向也考虑在内，站在更高的维度去把握。本章将聚焦变化规模与速度连美国的硅谷都自愧不如的中国汽车行业及其巨大生态圈。

CASE 在中国

中国的 CASE 变革表现出一个显著的特点：百度、阿里巴巴和腾讯等 IT 巨头，华为等电信设备巨头相继进军汽车市场，与车企形成积极的伙伴关系，同时自己也作为核心玩家发挥关键作用。日美车企的态度则恰恰相反，没有积极与 GAFA 这样的 IT 巨头结盟（至少现阶段还没有）。据说这是因为车企担心 IT 巨头夺走以数据为起点的移动出行服务和客户接触点。

但是在中国，汽车行业本身的历史不长，再加上手握大量数据的 IT 企业已先一步发展起来，车企表现出了非常积极的合作意愿。

百度、阿里巴巴和腾讯也是各有所长：百度力推旗下的自动驾驶平台，阿里巴巴擅长基于车载操作系统的智能互联，而腾讯在车载内容方面更具优势。它们当然也在物色良机，希望将业务扩展到汽车之外的城市基础设施与交通平台领域。下面就让我们依次看看各家的动向。

车载操作系统看阿里，自动驾驶看百度

在网联化领域，数据是车载服务的关键。获取数据离不开客户接触点，而在中国市场，客户接触点的主导权本就握在阿里巴巴手中，车企在这方面只能靠边站。阿里巴巴和中国最大的国有车企上汽集团合作开发了车载操作系统"AliOS"。上汽的第一款（也是中国的第一款）智能网联汽车"荣威 RX5"是最先安装该系统的车型，2017 年便已售出 40 万辆（下文有关于上汽集团的详细介绍）。截至目前，与阿里巴巴有合作的车企已多达 10 家（包括外资车企），可见 AliOS 已经发展成了中国车载操作系统的一大势力。

阿里巴巴还提出了"智能高速公路"构想。具体而言，就是和交通部门合作，运用 AliOS 的技术切入道路基础设施的设计工作，以便依托道路，以"面"为单位抓取数据。作为五大国家级人工智能开放创新平台企业之一，[1] 阿里巴巴专注智慧城市领域，大力推进"ET 城市大脑"计划，有可能在未来改写"汽车"和"城市"在中

1　五大国家级人工智能开放创新平台中，百度主打自动驾驶，腾讯专攻医疗影像。

国所扮演的角色。

华为也想紧跟这股潮流，在汽车和城市这两个层面围绕"智能互联"和"自动驾驶"打通"端管云"[1]协同生态，通过在车上安装通信模块和自动驾驶芯片打入城市智能化业务。如下文所述，百度最近也开发了自己的车载操作系统，但与阿里巴巴相比，这两家都只能算"后来者"。

在智能化领域，中国也正在从硬件开发（如传感器和半导体）转向软件开发（如人工智能算法和图像识别技术）。其中尤其值得关注的是百度的"Apollo"项目。百度高度关注自动驾驶技术的发展，也致力为相关技术的推广创造环境，于是在 2017 年成立了100 亿元人民币规模的自动驾驶基金。该项目涉及的企业多达 130家（截至 2019 年 3 月），包括国内外一流车企、T1 供应商、IT 巨头和初创企业，在自动驾驶所需的四大领域[2]开展研发工作。戴姆勒、福特、博世、大陆等全球领先的车企和 T1 供应商均在其列，可见百度在项目伊始便有了走向世界的打算。

百度在 2018 年发布了"Apollo 3.0"自动驾驶平台，并生产

1　端即边缘计算，在靠近用户的终端侧进行数据处理；管即网络；云即云端服务器和数据中心。

2　云（高清地图及数据平台等）、车载软件、硬件（传感器及 GPS 等）及车辆。

了 100 辆在特定区域实现了 L4 级自动驾驶的"阿波龙"小巴，与软银合作打入日本市场，这一系列的动作足以体现出百度在该领域的全球领先地位。同样在 2018 年，百度将基于语音识别的互联操作系统（DuerOS）整合到"Apollo 3.0"中，紧跟 AliOS 的步伐。2019 年 1 月，百度发布了升级版的"Apollo 3.5"。2020 年 9 月，百度自动驾驶出租车服务"萝卜快跑"在北京全面开放。用户可通过百度的地图 App 和 Apollo 的官方网站预约试乘。乘车点约有 100 个，覆盖生活区和商业区。

L4 级自动驾驶小巴"阿波龙"

滴滴出行：在共享领域席卷全球

在共享化 / 服务化领域，滴滴出行（人称中国版优步）借助百度、阿里巴巴和腾讯的投资，迅速成长为全球最大的网约车服务商之一。2016 年，滴滴收购了优步的中国业务，并在世界各地（包括东南亚、非洲和中东）投资网约车服务商，加快了在共享服务领域布局全球的脚步。日本的软银是它的股东，第一交通[1]是它在日本的合作伙伴，所以应该有很多读者见过"滴滴"这个名字。

在强化核心业务赢利能力的同时，滴滴也在进军地图信息、电动汽车规格标准化等领域。它勾勒了共享业务的未来蓝图，在美国建立了专注研发自动驾驶的研究机构，计划以网约车服务为立足点，做中国移动出行领域的霸主。2019 年，滴滴宣布将与中国最大的电动汽车制造商比亚迪（详见后文）联合开发定制网约车，加速建立自己的移动出行生态圈。业界普遍认为网约车服务的全球扩张将导致车的平价化[2]，而滴滴毫无疑问会处在该风暴

1　日本出租车巨头。——译者注

2　commoditization，大量普及化、市场价值下降。

的核心。

再看电动化领域。如前所述，由于中国政府在政策层面积极推动新能源车的发展，市场长期处于"群雄割据"的状态。老牌巨头自不用论，甚至出现了比亚迪这种"从电池制造商发展成电动汽车制造商"的例子。还有一些超大型初创企业发展迅猛，比如蔚来汽车就在短短五六年里发展成了拥有数千名员工的企业，并在美国纽约证券交易所成功上市。

全力以赴搞 CASE 的又岂止初创企业。老字号"吉利汽车"的动向也值得我们关注。吉利成立于 1986 年，从生产电冰箱零件起家，靠积极的收购成长为中国最大的民营车企。2010 年，吉利以18 亿美元的价格从福特手中收购了沃尔沃的全部股权，吹响了跃进的号角。作为一家源自中国的跨国车企，如今的吉利正在积极打入全球市场，并继续大力投资 CASE 的各个板块。上汽集团也是中国汽车行业的排头兵。它是最早提出"四化"概念的国有车企，在与阿里巴巴开展合作的同时加强了对自动驾驶和共享领域的投资，值得密切关注。

下面我们将深度剖析蔚来、比亚迪、吉利和上汽。它们都以 CASE 为出发点，积极投身于自企与行业的创新和结构调整。中国的 CASE 相关投资在 2015 年前后渐入佳境，截至 2019

年 5 月，获得相关融资的企业至少有 1800 家，累计融资额高达 9.4 万亿日元。在日本也有较高话题度的电动化自不用说，在网联化、智能化和共享化 / 服务化领域，中国的投资都占压倒性的优势。那就让我们结合实际案例，一窥中国汽车行业的活力吧。

案例研究 1

蔚来："极致的用户体验" > 造车

中国新兴电动汽车品牌"蔚来汽车"成立于 2014 年，人称"中国版特斯拉"。蔚来高举"打倒特斯拉"的大旗，成立仅四年就在美国成功上市，但截至 2020 年，它的亏损额已达 60 亿美元。在新冠疫情直击中国的 2020 年上半年，蔚来一度面临财政危机。靠裁员与工厂所在地合肥市政府投资的 14 亿美元度过危机后，其业绩随着下半年中国经济的复苏飞速回升，市值比肩宝马、通用、福特等跨国大厂（截至 2021 年 4 月）。虽无法否认特斯拉股价上涨的影响，但股市对蔚来的期望可见一斑。蔚来的产品本身也表现卓越，EP9电动超跑在2016年跑出了每小时312公里的纪录，成为史上最快的电动汽车之一。不仅如此，蔚来还是中国新兴汽车制造商中最早实现大规模生产的一家，优势不容小觑。

眼下蔚来尚未跨越盈亏平衡点，一如成立初期的特斯拉，但发展势头还是非常迅猛的，是今后最值得关注的中国电动汽车制造商之一。

蔚来引以为傲的"EP9"电动超跑

明星创始人和著名投资者

寻常车企的高层都是在业内摸爬滚打多年的"老资格",蔚来的创始团队则不然,完全可以用"多姿多彩"来形容。

创始人李斌在网络和汽车领域创办、投资过 40 多家初创企业,[1] 怀着"把蔚蓝的天空还给城市"的愿景创办了"蔚来汽车"。联合创始人秦力洪当过奇瑞汽车销售有限公司副总经理,还曾在德国罗兰·贝格管理咨询公司(Roland Berger Strategy Consultants)担任项目经理,是品牌营销和新业务开发方面的专家。另一位联合创始人郑显聪担任过菲亚特和福特的中国业务副总裁,据说在汽车部门的采购和物流方面有着丰富的经验。[2] 由此可见,蔚来的管理团队在网络和品牌方面更具优势。除了上述创始人,蔚来还挖来了特斯拉的前首席信息官(CIO)和沃尔沃中国的前 CEO,充实全球汽车行业相关的技能、知识和人脉。

也许是受了创始人理念的影响,蔚来的自我定位不是"车企",

---

1 他创办了汽车资讯网站"易车",也是共享单车"摩拜"的天使投资人。

2 2021 年 1 月,郑显聪加盟鸿海科技,出任电动汽车平台 CEO。

而是"改善客户体验的服务销售商"。它非常重视不受传统汽车行业思维和框架约束的创意和多样性。除了部分与锂电池相关的核心部件，蔚来并不拘泥于"凭一己之力造车"，而是将管理资源集中在车体设计、品牌管理和售后服务上，高度重视"用户体验和满意度"，思路与苹果颇为相近。

腾讯、百度等 IT 企业和美国风投巨头红杉资本都投资过蔚来。

简而言之，蔚来这家企业凭借"有技术和品牌背景的明星创始人""对汽车行业的了解""擅长 IT 增长领域的投资者的资金支持"杀入了中国汽车行业的最前沿，堪称 CASE 时代的天选之子。

"无与伦比的用户体验"从何而来

2020 年，蔚来的年销量突破 4.3 万辆，约为特斯拉在中国市场销量的 1/3，已是中国公认的顶级高端品牌。正如创始人兼 CEO 李斌所言，"蔚来（在品质上）毫不逊色于同等价位的汽油车"。蔚来的入门级车型 ES6 售价 36 万元人民币左右，比积极开展低价攻势的特斯拉 Model 3 贵上三成。中国的电动汽车市场竞争激烈，在短时间内塑造一个高端品牌绝非易事。蔚来成功的秘诀究竟是什么呢？

第一，设计之美。蔚来的设计中心位于德国慕尼黑，车身设计部门的二把手曾任职于宝马。蔚来总部和营销职能部门都在上海，却始终在欧洲追求契合高端品牌的设计。

第二，坚持追求"极致的用户体验"。

与特斯拉一样，蔚来采用了不设经销商的直销模式，通过官方App 和线下社区自主管控接触点和用户体验。在线上蔚来通过 App 组织面向车主的活动，促进车主之间的交流互动，旨在塑造品牌形象，提高用户忠诚度。

在线下蔚来则有豪华的实体空间"蔚来中心"。除了产品体验区，还有水吧、图书馆、儿童游乐区等，消费者举家前来也能各得其乐。蔚来通过上述方式不断提升其独有的用户体验。不少车主表示，"我是花 40 万加入了自己向往的社区，还获得了一辆车当赠品"。换言之，与其说他们买车是为了成为车主，倒不如说是为了加入蔚来打造的品牌社区，享受服务。

只留核心，车身都外包

蔚来明明是一家车企，却高度关注用户体验和服务，车身的生

蔚来中心

产制造环节基本外包。不过换个角度看，这种简单干脆的体系也是蔚来能在短时间内迅速成长的原因所在。

传统车企普遍采用"垂直整合模式"，自家（包括子公司）包揽从设计、开发、零部件采购到生产车身的各个环节。尤其是车身制造，这本该是车企的主要优势，自有工厂、自行生产原本也是理所当然之事。车企的制造部门孕育了种种高效的操作生产方式，比如丰田的"精益生产"。蔚来却只保留了高端品牌的差异化元素（策划、开发、设计）和电动汽车核心部件的制造职能，将自己定位为

"车的策划者"，包括车身在内的其余部分统统模块化后外包给第三方。这种做法在家电等行业并不罕见（苹果就是一个典型），在汽车领域却是前所未有，也许这就是车企未来可以选择的一种发展方向。和同行们一样，蔚来也不可避免地出现了一些质量问题（如部分零件起火），但是放眼零部件不断精简、附加价值从硬件转向软件的电动汽车时代，我们完全可以说蔚来走在了全球汽车行业的前沿。

稳步开发车载操作系统和自动辅助驾驶系统

为拥抱 CASE 浪潮，蔚来推出了哪些举措呢？作为一家注重软件的企业，它在 CASE 这一维度也采取了"与国内外巨头合作开发硬件，自行开发软件"的态度。

在网联化方面，蔚来以自主研发的人工智能和语音识别技术为基础，开发了车载操作系统"NOMI"，旨在打造可用于非蔚来产品的通用平台。NOMI 的功能包括语音识别、自动调节车内温度、空气净化、帮车主自拍等。

在智能化方面，蔚来目前已达 L2 级，正朝 L4 级努力。ES8 搭载了蔚来自主研发的自动辅助驾驶系统 NIO Pilot。2017

年首次亮相时，它是中国量产车中最为先进的自动辅助驾驶系统，具备自适应巡航控制、变道辅助、自动刹车碰撞预警、自动泊车等功能，而且实现了软件无线升级。蔚来显然瞄准了自动驾驶领域的领军者百度，意欲在不远的未来实现自动驾驶操作系统的平台化。

在共享化/服务化方面，蔚来的策略是培养其他玩家，防止滴滴垄断市场。首汽约车的7亿元人民币融资就有一部分出自蔚来与百度。蔚来还通过旗下的投资机构"蔚来资本"在汽车相关行业展开风投。蔚来资本与首汽共同设立目标规模50亿元人民币的出行专项基金，用于投资移动出行领域。综上所述，蔚来在积极探索新技术和新业务，以期建立一个以蔚来为中心的生态圈。

在电动汽车方面，蔚来计划成立一家电池资产管理公司。蔚来有几款电动汽车支持"3分钟换电"。除了充电站，蔚来还推出了移动充电车和换电站，为用户提供便捷的充电服务。截至2020年9月，中国市场的换电站已突破130座，并以每周一座的速度持续增加。蔚来有意通过电池资产管理公司开拓电池租用服务（BaaS）业务，中国头号电池制造商宁德时代已宣布出资。据业内人士分析，此举的目的是将电池和车辆本身的价格分开，以降低电动汽车本身的价格，方便用户根据驾驶距离选择不同的搭配组合。

比亚迪：转变经营理念，告别垂直整合

作为中国汽车行业的新玩家，比亚迪有着独特的发展历程。它成立于 1995 年，从生产手机电池起家，2003 年进军汽车行业，2008 年推出混动汽车。如今的比亚迪已是新能源汽车领域不容小觑的一股势力——2019 年，其电动汽车和混动汽车的总销量约为 23 万辆。要知道特斯拉的全球销量也才不到 37 万辆。

比亚迪也是全球新能源商用车的引领者，在世界各地（包括美国）建立了电动公交车和电动卡车的工厂。在美国硅谷的斯坦福大学周边，也常有比亚迪的电动公交车来来往往。

比亚迪之父王传福在 29 岁时创业，有着独特的经营理念，掌舵比亚迪 20 余年，堪称现代中国最具代表性的创业家之一。比亚迪的核心理念可总结为三点："技术为王、创新为本""半自动、半人工""垂直整合"。

比亚迪刚起步时缺乏资金，无法从日本引进大型设备，

于是便用廉价劳动力代替，以人海战术克服了难关，这才形成了比亚迪特有的半自动、半人工生产流程。与引进昂贵的设备相比，人工作业成本更低，而且也更加灵活可靠，这与日本和欧美国家采用的以自动化设备为核心的生产方式形成了鲜明的对比。"垂直整合"指的是聘用大量工程师，以快速响应消费者的需求，打通从方案设计到最终生产的每个环节。一直以来，比亚迪几乎包揽了从设计到生产的整个供应链，只有少数部件和材料是从外部采购的，直到最近才有所转变，让人不由得想到曾拥有铁矿山的福特汽车。

比亚迪就是这样通过垂直整合与"半自动、半人工"确立了优势地位。但近年来，其垂直整合体系出现了变化的迹象。中国的劳动力成本也在不断飙升，而且随着企业规模的扩大与人员的增加，供应链管理的负担也在直线上升，因此比亚迪毅然调整策略，开放零部件采购供应链，并开始对外销售电池。

对外销售"珍藏"的车载电池

近年来，比亚迪逐步调整方针。随着生产规模的扩大，比亚迪只在内部保留电动汽车核心部件[1]作为自家优势，其他部件则直接从外部采购，以提高成本效率。至于电池这一关键部件，比亚迪进一步深化了与中型汽车制造商长安汽车的合作关系。除了供应电池，双方还共同开展了电动部件的设计、零部件采购、测试和生产工作。

另一项重大举措是向国内外汽车制造商积极推销自家的车载电池（锂电池）。电池是比亚迪"珍藏"多年的宝贝，也是比亚迪最大的优势。在电动汽车电池领域，与丰田有合作关系的世界头号车载电池制造商宁德时代有着明显的优势，比亚迪则以这种形式发起了挑战。

除电池外，比亚迪还成立了专注研发汽车灯泡、汽车电子、动力总成系统、车身、零部件焊接和生产线相关产品与服务的子公司，其开展半导体业务的子公司也得到了风投的青睐，计划拆分上市。

1　即"三电"：电机、电控、电池。

换句话说，比亚迪从手机电池制造商发展成了汽车制造商，如今又逐渐展现出了零部件供应商（T1 供应商）的一面。这让人不由得联想到丰田的历史——丰田以纺织机械起家，后来进军汽车行业，如今也是一边坚守整车制造商的地位，一边向全球推广其混动系统和燃料电池系统。说来也巧，比亚迪与丰田于 2020 年在深圳成立了一家专注研发电动汽车的合资企业。

把所有商用车都换成电动汽车？

"2020 年是中国新能源制造商的转折点。新能源汽车的上半场是电动化，下半场是智能化。"

比亚迪创始人兼董事长王传福在 2020 年 11 月如此说。比亚迪也在为 CASE 变革稳步布局。

在电动化方面，比亚迪于 2015 年 4 月发布了"7+4"全市场战略布局，力争将新能源车推向更广泛的领域。其中"7"代表 7 大常规领域，即城市公交、出租车、道路客运、城市商品物流、城市建筑物流、环卫车、私家车。"4"代表 4 大特殊领域，即仓储、矿山、机场、港口。比亚迪的战略目标就是将上述领域的商用车辆全部换成电动汽车。深圳（比亚迪总部所在地）的出租车已基本实现纯电动化，比亚迪的产品占了大头。如今电动出租车已成本地居民熟悉的风景线。

在网联化方面，比亚迪自主研发了核心车载操作系统DiLink，并计划通过该操作系统实现车辆与智能手机的互联与无线更新。比亚迪产品规划及汽车新技术研究院院长杨冬表示，"开放是唯一的活路，封闭只会走向淘汰，但目前行业的开放程度还不够"，"互联网企业带给比亚迪的并非压力，而是更强大的动力"，这足以体现出比亚迪对开放的强烈意愿。2018年9月，全

比亚迪的电动出租车

球首款搭载"比亚迪D++开放生态平台"的车型"秦Pro"正式发布。

在智能化方面，比亚迪建立了自己的自动驾驶技术研究所，大力推进研发，并与自动驾驶技术的领跑者百度联合开发自动驾驶汽车（百度的Apollo项目也有比亚迪参与）。不仅如此，比亚迪还携手华为，共同开发自动驾驶单轨列车。

在共享化/服务化方面，比亚迪宣布与移动出行巨头滴滴联合开发商用出租车，并在2020年11月发布了全球首款定制网约车"D1"，且计划在2021年生产10万辆。都说网约车服务会推动车辆的平价化，而比亚迪在这一领域提前布局，领先了一步。插句题外话，滴滴与数家车企开办合资企业，掀起了"网约车巨头进军汽车制造领域"的新潮流。

―――――――――――― 案例研究3 ――――――――――――

吉利汽车：收购欧洲车企，开展资本合作，
进化为高端品牌

吉利汽车是中国最大的民营车企之一。集团始建于1986

年，从生产电冰箱零件起步，1997 年进入汽车行业，2002 年进入中国"3 + 6"主流轿车制造商行列，在由国有车企主导的中国汽车行业展现出了强大的存在感。起初主攻低端市场，后来通过收购欧洲车企逐步提升品牌价值，近年来更是在业界最前沿的 CASE 领域频频发力。

2010 年，吉利收购了持续亏损的沃尔沃，踩上飞跃的踏板。它以 18 亿美元从正在推进业务重组的福特手中收购了沃尔沃的乘用车部门，一举获得了接触欧洲先进技术和供应商的机会，大大提升了自身的技术实力。吉利没有对沃尔沃过度干预，而是允许其保持原有的独立架构，为沃尔沃的东山再起和技术共享奠定了基础。另外在 2018 年，吉利以 90 亿美元的价格取得戴姆勒将近 10% 的股份，开展资本合作，目前双方正致力于在全球范围内运营和发展 Smart 纯电动智能汽车，并联手开发新一代混动汽车。

中国的低端品牌（面向大众市场的产品）向高附加价值的高端领域转型绝非易事，汽车行业也并非特例。但吉利通过收购和资本合作吸收了欧洲车企的技术、经验、知识、资源和网络，一鼓作气完成了蜕变。吉利还相继收购了马来西亚的宝腾汽车（PROTON）、英国的路特斯和伦敦出租车制造商 LEVC，已成长为能在全球范围内供应全线车品的高端玩家。2020 年吉利销售了约 132 万辆汽车。

经营理念的转变

剧变的背后是创始人李书福在经营理念上的转变。在收购沃尔沃之前，吉利的目标是"造便宜车打入低端市场"。李书福曾说"汽车不过就是四个轮子加两个沙发"，吉利要"造老百姓买得起的便宜车"。从 2010 年收购沃尔沃到 2012 年前后，吉利在维持低价的同时致力于提高研发实力和生产技术。当时吉利已经喊出了"造老百姓买得起的好车"的口号，不再只追求廉价。从 2012 年到 2015 年，吉利再次调整战略，以"成长为中国顶级的自主（国内资本）汽车品牌"为目标，开始侧重品质。这一时期的李书福表示，"中国汽车要成为自主产业，就要依靠自主品牌和洋品牌竞争"，"在保持原有成本和价格优势的前提下，造最安全、最环保、最节能的好车"。2016 年后，已成长为跨国车企的吉利明确宣布，将积极面对 CASE 浪潮。例如，李书福在入股戴姆勒时称，"在新的竞争形势下，现有的制造商之中可能只有一两家或者三家幸存，制造商应该联合起来，投资未来"。

收购沃尔沃、牵手戴姆勒的好处

吉利能通过收购和资本合作获得哪些好处？让我们具体分析一下。

吉利通过收购得到了沃尔沃的先进技术，大大推动了其研发和生产体系的进步。通过在双方总部所在地（中国杭州和瑞典哥德堡）设置联合技术研发中心，吉利可以更高效地培养人才，获得先进技术。双方还通过上述活动推进车辆架构的模块化[1]，开发共通平台，以提高研发效率。吉利可以吸收沃尔沃在策划、设计研发和生产方面的经验知识，同时在采购方面充分运用从沃尔沃继承的供应商网络。

此外，一项更具体的举措是，吉利和沃尔沃在 2016 年联手打造了全球新高端品牌"领克"（Lynk&Co）。领克汽车为双方合资成立的子公司，吉利持有 70% 的股份，沃尔沃持有 30% 的股份。设计开发仍由沃尔沃主导，供应链和生产方面则是资源共享。领克配备了自主研发的车载操作系统 GKUI。考虑到汽车共享时代的到来，领克还支持包月、包里程等多样化的拥车模式。

1　将车辆分为若干模块，同步开发。

领克

领克与之前提到的蔚来一样，以线上销售为主。除了包月，还引入了传统车企所没有的新销售方式，旨在吸引那些不拘泥于传统拥车模式的年轻人。领克也没有辜负吉利的期望，在中国颇受欢迎，尤其受到年轻群体的青睐，在新冠疫情背景下的 2020 年卖出了17.5 万辆。吉利计划将领克推向欧洲，于德国、法国、西班牙等国推出每月 500 欧元的包月服务。

为迎接即将到来的 CASE 时代，吉利在入股戴姆勒后积极推动技术共享。2018 年 10 月，双方在中国组建合资子公司，主要提供高端网约车出行服务。此外，吉利收购了戴姆勒旗下品牌 Smart[1]50% 的股权，并在 2020 年与戴姆勒联合成立了相关子公司。Smart 被定位为"纯电品牌"，由戴姆勒负责新车型的开发和设计，生产工作则在中国开展，计划于 2022 年面向全球销售。除了吉利，北京汽车等中国车企也对戴姆勒进行了投资，不过沃尔沃、戴姆勒和吉利在开发车辆与移动出行服务方面的合作关系正在稳步深化。

坚持自主开发操作系统

除了之前提到的，吉利针对 CASE 的改革中还有若干举措值得我们留意。

如前所述，在网联化方面，吉利正在开发名为 GKUI 的车载操作系统。由于车载操作系统与安全性挂钩，吉利认为车企应该自主开发操作系统。在这一点上，吉利与力推自家车载操作系统的 IT 巨头有着不同的理念，董事长李书福曾在 2018 年坦言：

1　小型电动汽车品牌，当时业绩萎靡不振。

"智能网联汽车的关键是智能，本质是汽车，特点是通信基础设施网联化，前提是确保交通安全、顺畅、高效率。所有应用程序都在操作系统上运行，操作系统的健全性、安全性是决定智能网联汽车命运的关键。智能网联汽车的命运必须掌握在自己的手中，核心技术是用钱买不来的，而且会越买越被动，越用越依赖，必须自己研发，持续创新，迭代发展。"

在智能化方面，吉利运用沃尔沃的资源网，与零部件巨头博世等企业开展合作，自主开发了自动驾驶操作系统 G-Pilot。2020 年，吉利甚至发射了自己的低轨道卫星，并发布了可用于网约车服务和车队管理的 AI 平台构想，积极布局基础设施。吉利一贯强调自主开发和保持技术独立的重要性，这种态度不仅体现了车载操作系统上，也体现在了对自动驾驶技术和配套基础设施的布局上。

在电动化方面，吉利在 2015 年发布了"蓝色吉利行动"战略，承诺到 2020 年实现新能源汽车销量占吉利整体销量 90% 以上（可惜因新冠疫情未能达成）。对沃尔沃和戴姆勒的投资也在这方面发挥了重要意义。

例如，吉利在沃尔沃的协助下，投资 26 亿美元打造了纯电动平台"SEA 浩瀚架构"，以降低电动汽车生产成本。除了沃尔沃，吉利还计划将这一平台推广给其投资的路特斯、LEVC 和其他汽车制造商。

除此之外，吉利在电动汽车领域也与百度、阿里巴巴和腾讯积极开展合作。有消息称百度有意采用 SEA 浩瀚架构。吉利还宣布将与腾讯合作开发智能汽车。除了开发自企品牌的电动汽车，吉利今后还有望立足 SEA 浩瀚架构，逐步确立"受托生产其他车企的电动汽车"的行业地位。

在共享化 / 服务化方面，吉利旗下有自主运营的网约车平台"曹操（《三国志》里的曹操）出行"。虽然规模不及滴滴，但"坚持做自己的移动出行服务"这一点颇具吉利的风范。

"曹操出行"董事长刘金良的发言值得一听。

"现在很多大城市道路拥堵，消费者开车意愿下降，未来的汽车应该是从拥有权向使用权转换，共享出行便成为趋势。传统汽车制造商为了生存和转型发展，一定要跟上形势，进入出行领域就是很好的切入点。……'曹操专车'是吉利从传统制造商向道路运输服务商转型的尝试。如果不能尽快适应汽车业变革，那么传统的汽车制造商就可能被淘汰。就像诺基亚在智能手机时代被抛弃一样。"（2018 年）[1]

1　采访原文见 https://www.dongchedi.com/article/6546425746162713101。——译者注

上汽集团：虽为国有车企龙头老大，
却积极与其他企业开展合作

说起"中国的国企"，恐怕很多人的第一反应是"与政府关系密切，受既得权益者保护的传统大企业"，部分人还认为这类企业与"变革"二字无缘。

上海汽车集团成立于1958年，是中国最大的国有汽车制造商，2020年的销量为560万辆。在9家国有车企中，上汽集团在CASE的各个领域都是最先进的，也走过了顺应CASE大潮自我转型的历史阶段。

早在2015年，上汽就在其战略中提到了"四化"概念。上汽乘用车副总经理俞经民在2017年的一段发言充分体现了这一理念。

"这几年，大家可以明确感受到汽车行业的剧变，特别是互联网的渗透，包括新能源的发展。互联网 × 新能源在中国市场的演变，是执世界之牛耳的。很多厂家，包括我们众多的自主品牌，也包括一些很熟悉的国际大佬，都发现了这个端倪，都在加大投入。"[1]

据报道，上汽计划在 2021 年生产 77 万辆新能源汽车，耗资 26 亿美元建造的新能源汽车工厂也在 2020 年正式启动生产。尤其值得注意的是，上汽身为国有车企的龙头老大，其经验知识储备足以覆盖与造车本身有关的各个环节，但在推动 CASE 变革这方面，它与其他企业展开了非常积极的合作。

携手阿里巴巴，争霸车载操作系统

下面就让我们深入了解一下上汽集团针对 CASE 采取的举措。

先看网联化方面。自 2014 年签署"互联网汽车战略合作协议"以来，上汽集团和阿里巴巴不断深化合作。2015 年，双方合资设立 10 亿元人民币的互联网汽车基金，并联手成立子公司"斑马智行"，旨在共同开发车载操作系统，其成果就是之前提到的阿里巴巴车载操作系统"AliOS"。早在 2016 年，上汽就推出了部署这款操作系统的智能网联车"荣威 RX5"。

"AliOS"原计划销往其他车企，但许多车企担心数据会被阿里

1　采访原文见 https://d1ev.com/kol/55978。——译者注

和上汽夺走，对使用该操作系统持谨慎态度。因此阿里与上汽决定接纳其他企业的投资，表现出一种开放的姿态。功夫不负有心人，目前"AliOS"已被 8 个品牌的 38 款车型采用（包括福特、捷克的斯柯达以及雪铁龙与东风汽车的合资品牌东风雪铁龙），已被部署在 100 多万辆汽车上（数据截至 2019 年）。在欧美市场，由于车企担心数据集中在一家企业，统一的车载操作系统没能普及开来。相较之下，中国市场呈现了独特的动向。

再看智能化方面。上汽在集团内部建立了人工智能研究所，自主开发自动驾驶人工智能平台"AI Pilot"。AI Pilot 系统配备了自适应巡航控制（智能巡航）、自动泊车（智能泊车）、安全辅助等功能。下文将提到的电动智能超跑 SUV"荣威 Marvel X"就部署了这套系统，于 2018 年在中国量产销售。另外，上汽与阿里共同投资了中国自动驾驶初创企业安途智行，大力支持自动驾驶车辆的公共道路实验。

中国汽车行业的技术结晶

在共享化/服务化方面，上汽集团参与了中国最大的电动汽车分时租车品牌"EVCARD"的管理，持有其 51% 的股份。该品牌业务遍布中国 56 座城市，会员多达 180 万人。2018 年，上汽还推出了自营汽车共享服务"享道出行"。

至于电动化方面，上汽的战略是与博世、宁德时代等组建合资公司，牢牢掌握电动汽车的三项核心技术，即电动机、控制器（电力电子）和锂电池。集上述核心技术于一身的智能电动汽车，就是之前提到的"荣威 Marvel X"。说这款车是中国汽车行业的技术结晶都毫不为过，因为它配备了阿里巴巴的 AliOS、自动驾驶人工智能平台 AI Pilot 和宁德时代的电芯。

另外，上汽集团和阿里巴巴在 2021 年 1 月发布了高端智能电动汽车新品牌"IM 智己"。

总而言之，中国车企在第一时间认识到了 CASE 的重要性，面向未来积极推动组织机构变革，投资结盟，早已摆脱了"做低端市场，生产廉价汽车"的固有形象。

美国、欧洲和中国瞬息万变的汽车行业现状就介绍到这里。下一章将聚焦日本，剖析日本汽车行业的现状和前景。

本章取材协助：DANNY Pro.（板谷工作室）

第六章

日本汽车能否杀出一条活路

■ 川端由美

全球汽车行业将发生怎样的转变，欧美和中国如何努力应对迅猛而激烈的变化，这两个问题已经在前几章中详细探讨过了。本书的最后一章将为大家梳理日本各大汽车和零部件制造商的现状，并对日本汽车行业未来的发展做出大胆的预测。

此外，我（川端）还想就当前的日本汽车行业存在哪些弱点，以及这些弱点的由来阐述些许私见。

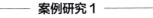

案例研究 1

丰田、大发、斯巴鲁、马自达和铃木

大家知道日本有多少家车企吗？除了龙头老大丰田，还有乘用车制造商日产、本田、三菱、斯巴鲁、马自达、大发和

铃木，商用车制造商五十铃、日野、三菱扶桑和 UD 卡车，以及摩托车制造商雅马哈和川崎重工。如果再算上光冈汽车和 ElecTrike Japan 这两家非常小的制造商，便是足足 16 家。能在全球市场一战的乘用车制造商是丰田系（丰田、大发、马自达、斯巴鲁和铃木）、外资阵营（日产和三菱）及本田。

丰田的地位尤其超然。它将大发收作子公司，并与铃木、马自达和斯巴鲁进行了资本合作。想当年，通用汽车的创始人威廉·杜兰特（William Durant）建立持股公司，将别克、奥兹莫比尔和凯迪拉克等知名豪车制造商收入麾下，这才有了日后的大型集团。虽然资本关系与发展历史截然不同，但我还是生出了一种错觉，仿佛如今的日本也有一家名为"丰田"的通用汽车。

巨头丰田对 CASE 动了几分真格？今时今日，丰田已经发展到了与大众竞争"全球头号汽车制造商"的地步，但正如第一章中提到的那样，丰田已不再以"汽车制造企业"自居，意欲转型为"移动出行企业"。

在 2018 年的 CES 上，丰田章男社长亲自发布了 e-Palette 概念车。它是一款 MaaS 专用的新一代电动汽车，依托 MSPF（移动服务平台），集电动化、网联化和自动驾驶技术于一

丰田章男社长登台演讲

体。许多人视其为"丰田将生产自动驾驶电动汽车"的信号。当时的丰田副社长友山茂树[现为执行研究员（Executive Fellow）]说：

"正如 MSPF 一词所体现的那样，将汽车、通信平台、用于存储大数据的数据中心以及提供车辆访问权的 API[1] 作为一个套包提供给用户是丰田独有的提案。在我们看来，e-Palette 电动汽车是 MSPF 的要素之一。"

API 说白了就是通过连接应用软件和程序，使车辆能够使用各种服务的系统。丰田表示将向开发自动驾驶套件的企业公

1　Application Programming Interface，应用程序接口。

开其车辆控制界面，这就等于是在说"开发自动驾驶功能的初创企业和其他公司都可以驱动丰田的车辆"。这番发言也体现了丰田准备公开技术，与外部各方联手的决心。

若单单开发 e-Palette 概念车，那也不过是在研究一款带自动驾驶功能的电动汽车。关键在于丰田意欲在互联环境下开放 MSPF，敞开门户，扩大服务开发。丰田想要实现的商业模式是，丰田提供移动出行大数据和可用于服务的平台让各路服务商使用，然后向服务商收取平台使用费。由此可见，丰田也认识到了 CASE 和网联化的重要性，想要尽快布局。

再看电动化。丰田副社长寺师茂树（现为董事）在 2019 年的新闻发布会上提及了丰田车辆的电动化，表示将广泛对外销售电动汽车零部件。如果稍加夸张地解读，这意味着丰田将成为电动汽车零部件制造商。几乎在同一时期，大众也宣布将对外销售旗下的电动汽车平台 MEB，并在同年透露与福特签约。

换句话说——丰田章男领导的丰田高层的发言本身是符合全球标准的，但高层的意图有没有渗透到丰田大家庭的各个角落呢？在现阶段还得打个问号。

新规则有没有渗透到整个组织？

丰田用于实践自动驾驶、移动出行和人工智能等新技术的大型项目"Woven City"引起了社会各界的热议。该计划规模宏大，意欲将静冈县裾野市的集团分公司工厂旧址改造成巨大的移动出行实验城市，用地面积达 70 万平方米。其实裾野市也是丰田的研发基地——东富士研究所的所在地。研究所的许多优秀工程师长年从事内燃机、发动机的研发工作，被誉为"丰田的大脑"。他们肯定难以接受"（到 2040 年左右）禁售燃油车"这一全球性的发展趋势。在 2015 年发布的"丰田环境挑战 2050"中，丰田宣称"到 2050 年全球新车行驶过程中的平均二氧化碳排放量将比 2010 年削减 90%"，却没有明确表示"将全面淘汰燃油车"（截至 2021 年 3 月）。仔细揣摩这套说法背后的意图，就不难猜到丰田可能更倾向于将其擅长的混动构造发动机的成本降到最低，同时以"发动机和电动机相结合"的形式"尽可能保留发动机"，而不是用电动汽车和燃料电池车彻底取代燃油车。

但直到不久前，德国和美国的汽车制造商也是如此。研究发动机的工程师备受尊重，在内部也有巨大的发言权。机械工程师位于金字塔的顶点，软件和电子电气工程师的任务不过是往"机械塞进汽车后剩下的空间"里增加功能罢了。

那通用和大众为何能够如此迅猛地实现转型（详见第二章和第四章）呢？因为前者在 2008 年的金融危机时一度破产，后者也爆出了柴油门丑闻[1]，导致高层大换血，而新的管理团队对原有组织进行了大刀阔斧的改革。他们放眼以智能互联为前提的新时代，充分理解汽车在物联网（IoT）世界中的定位不过是"oT"而已，因此进行了革命性的结构调整，为全新的战役做准备。同时，这也意味着通用和大众决定走下神坛，接受被周边行业的变化所影响的事实。

丰田的高层当然也认识到了这一现实，但丰田这个巨大的企业组织恐怕还没有接受。丰田的改革时间轴比西方车企错后了近 10 年，将高层察觉到的变革浪潮渗透到组织方方面面的道路想必也非常坎坷。

丰田迫切需要的，应该是能够按丰田章男社长的意向大刀阔斧地改革组织的高管。2009 年，年仅 53 岁的丰田章男走马上任，掌舵丰田十余年。对于一个今后必须经历重大变革的庞大组织来说，有几位能和丰田章男对等交锋的高管才是最理想的。丰田在 2020

1　2015 年，5 家德国汽车制造商被指控组成卡特尔，谎报二氧化碳排放量。

年大幅削减了执行董事的人数，只剩 9 人主宰这家销售额高达 30 万亿日元的巨型企业（2021 年 1 月变为 10 人），也不知此举是吉是凶。

现任董事之一詹姆斯·库夫纳（James Kuffner）曾是谷歌自动驾驶汽车开发团队的成员，也是负责 Woven City 项目的 Woven Planet 控股公司的 CEO。被视为下一代接班人的丰田大辅则被任命为 Woven Planet 的高级副总裁。"新生代人才"能否引领丰田完成重大转型，将会是决定命运的分水岭。

资本合作伙伴的前途

再简单梳理一下与丰田有资本或业务合作的车企。大发和日野都是丰田旗下的子公司，分别生产小型汽车和商用车。不过随着碳中和时代的到来，它们将发挥更加重要的作用。大发专注于轻型车[1]等各类小型车的研发。一旦迎来 MaaS 时代，它就极有可能在"小型出行工具"领域发挥优势。不仅如此，大发在东盟等新兴经济体中也有强大的影响力。日野则擅长制造大型商用车。在运用氢等替

---

1 日本法律规定，车长在 3.4 米以下，车宽在 1.48 米以下，车高在 2 米以下，排量在 660cc 以下的三轮或四轮汽车称轻型车。——译者注

代燃料方面，大型商用车具有先天优势，因为为车辆提供动力的燃料电池堆和氢气罐比较笨重。丰田也确实发布了基于日野 PROFIA 的混动商用概念车（配备了燃料电池系统），美国丰田汽车销售公司和美国日野销售及制造公司也在联合开发针对北美地区的燃料电池卡车。

斯巴鲁和马自达呢？这两家的规模都不大，只占全球市场份额的 1% 左右，素来以卓越的技术[1]为卖点，在小众市场颇受欢迎。但在碳中和时代，这些优势将不再具有竞争力。不过斯巴鲁拥有 EyeSight 等先进驾驶辅助（防碰撞自动刹车）系统，这是能直接运用于自动驾驶的关键技术。[2]斯巴鲁在美国的销量占其总销量的 70%，因此也可以采取专攻北美市场的战略。马自达则不然，其主要市场分散在欧洲、美国和澳大利亚，这加大了其制定战略的难度。马自达虽然推出了清洁型柴油车"CX-5"，意欲起死回生，但放眼全球，柴油车的大环境依然严峻。所幸马自达凭出色的设计感保住了一定的销量，但仍需要大幅调整方针（比如依托它所擅长的转子发动机打造混动构

1　水平对置发动机、转子发动机等独特的发动机。

2　EyeSight 本身并不是自动驾驶系统。

造发动机），以尽快实现电动化转型。

铃木与通用有过很长一段"蜜月期"，而跟大众的"跨国婚姻"却闹上了法庭，不欢而散。大众汽车在印度市场屡战屡败，也许是想把铃木用作进入印度的跳板〔大众后来还尝试过牵手印度汽车制造商塔塔（TATA），但最后也以解除合资关系告终〕。铃木在印度、印尼等新兴市场具有优势。因为在基础设施发展滞后、交通严重拥堵的国家，小型车的需求量更高。但也正因为如此，铃木在电动化方面的投资进度已经远远落后。从 2020 年 4 月起，印度也将其排放标准提高到了"Bharat Stage 6"，严格程度与欧洲相当，在政策层面转向了电动化。这定会对铃木造成重大冲击。

丰田的未来就等于日本的未来。所以我也希望丰田能做好日本汽车行业的领头羊，从依赖制造的商业模式转变为以社会问题为起点的倒推型商业模式。丰田也确实在尝试调整组织结构，比如在 2021 年 1 月的人事调动中新设了"首席项目负责人"（CPL）一职，其职责是站在跨领域的全局视角领导项目推进。但丰田的改革似乎不如大众与通用那样激烈。丰田能否屹立不倒的关键，在于它能否迅速推进组织改革，以及整个组织能否脱胎换骨，适应新的游戏规则。

案例研究 2

日产与三菱

"销售看丰田，技术看日产"，想必 40 岁以上的读者朋友对这句话都不陌生。直到今天，日产仍以技术见长。去厚木的日产高级技术中心和追浜的日产综合研究所走走看看，你就会发现日产除了发动机方面，在电动化和自动驾驶等方面也开展了最前沿的研究，同时积极培养技术人员，以紧跟大环境变化的步伐。

"我们在 2007 年开设的高级技术中心内设立了软件培训中心，计划到 2022 年培训出 500 名软件工程师。日产从'智能驾驶'、'智能动力'和发挥桥梁作用的'智能集成'这三个概念出发，专注研发技术和产品。"日产常务执行董事、Alliance Global 副总裁、综合研究所所长土井三浩如是说。

在自动驾驶技术和人工智能的研发方面，日产确实备受瞩目。尽管在推出首款配备 L3 级自动驾驶（脱眼）的量产车方面落后于本田，但日产正在稳步积累自动驾驶的关键技术。

已投入使用的"ProPILOT2.0"是全球首款实现同一车道

内 L2 级自动驾驶（脱手）的辅助驾驶系统，而且支持自动变道。在电动化方面，日产也提出了"到 2050 年实现整个集团的企业运营和产品生命周期碳中和"的新目标，正在扩大配备"e-POWER"的产品线[1]。与丰田和本田不同的是，日产在第一时间将注意力转向了电动汽车而非混动汽车，而且从一开始就和电池制造商合作开发车载电池，甚至着手建立回收体系。

日产自动驾驶实验车

1　聆风（LEAF）是其中最具代表性的车型。

综上所述，日产似乎在智能化和电动化这两方面拥有先进的技术，和全球各大汽车制造商打得有来有往，甚至略占上风。但说句不中听的话，即使日产在各个关键技术方面表现出色，对于"能否将这些技术融合成有吸引力的产品"仍要打一个问号。光埋头开发技术还远远不够。什么时候将什么技术放在什么产品上投向市场和消费者——日产在这方面还没有画出明确的路线图。

与雷诺的伙伴关系既是优势也是劣势

当然，我并不是说日产缺乏开发产品的能力。只是由于它在雷诺旗下，如何开发产品取决于全球政策，所以难以紧扣日本市场。身为跨国车企，日产在2018年都没有推出新款，略显遗憾。日产与雷诺的关系还导致了种种风波，比如玛驰（March）因成本问题原计划在亚洲生产，法国政府却突然介入，以至于最后变成在雷诺的法国工厂生产。

屋漏偏逢连夜雨，前CEO卡洛斯·戈恩（Carlos Ghosn）的管理问题也对日产造成了不小的冲击。舆论对他的管理手腕褒贬不一，不过他在 1999 年刚就任日产一把手时制订了日产复兴计划（Nissan Revival Plan），内容包括大规模裁员、削减日益膨胀的成本和大幅减少有息债务。到这一步还是戈恩最擅长的以裁员为核心的管理模式。然而在戈恩同时执掌雷诺和日产之后，双方资本关系的扭曲暴露无遗。雷诺持有日产 43% 的股份，且拥有投票权，日产却只有雷诺 15% 的股份，对雷诺的决定没有否决权。更棘手的是，雷诺还有 15% 的股份握在法国政府手里。比起日产的前途，法国政府更重视本国的就业，而且这一态度今后恐怕也不会改变。

三菱的处境与日产十分相似，它也拥有出色的关键技术，但在产品开发和管理方面存在隐患。四轮驱动控制技术和直喷发动机等动力总成技术足以体现出三菱的技术实力。再加上三菱在第一时间认识到了电动化的重要性，所以在车载电池方面有着无可比拟的经验知识。但三菱的历史可谓丑闻不断：2000 年，三菱被曝出从 1979 年起隐瞒旗下多款车型（包括帕杰罗和蓝瑟等人气车型）的各类缺陷，且从未进行召回，涉事车辆共计 69 万辆。2004 年，三菱再陷召回困境，这次出事的是商用车部门。消息一出，戴姆勒－克莱斯勒立即宣布停止对三菱的财务援助。（调查过程中还发现了两起致命交通事故的记录，此事后来还被拍成了电影。[1] 接二连三的丑闻彻底动摇了人们对三菱品牌的信赖，但此时的三菱仍有一批拥趸。然而在 2016 年，三菱又被曝出轻型车油耗测试造假，品牌形象严重受损。

即便如此，三菱仍拥有大量才华出众的工程师。如果它在电动化领域和日产联手，仍有可能引领世界。若单看三菱，它在自动驾驶和智能互联方面确实比较落后，但若将它和雷诺、日产视为一个联盟，其整体销量便高达 1000 万辆，与丰田和大众相当。只要充分运用规模效应，就有机会挽回败局。最大的挑战在于它们今后能否将各方面的卓越技术与社会问题联系起来，进而开拓业务。

———————— 案例研究 3 ————————

本田

本田在全球车企中可谓独树一帜。如果一家车企的规模像丰田、大众或雷诺-日产-三菱联盟那样大，全球销量超过 1000

1　此处指 2018 年由日本著名小说家池井户润的代表作《飞上天空的轮胎》改编的电影。——译者注

万辆，就可以针对各地市场开发产品，而不须采取全球统一战略。如果销售规模是100万至200万辆（全球市场份额的1%~2%），比如梅赛德斯－奔驰（仅乘用车）、菲亚特克莱斯勒的吉普、宝马、斯巴鲁和马自达，就可以瞄准小众市场，彰显个性。

本田的销量为400万至500万辆，刚好卡在一个不上不下的尴尬位置。福特和本田规模相当。但本田的四轮车业务处境艰难，新冠疫情导致其销量低迷。本田在2020财年的第一季度亏损1136亿日元，四轮车业务的亏损（1958亿日元）就是罪魁祸首。两轮车业务倒是赢利了112亿日元。受其影响，本田不得不退出F1[1]。

上一节提到了日产和三菱的技术实力，不过本田在关键技术方面也毫不逊色。本田成功开发过喷气式飞机、双足步行机器人，这都是与寻常车企无缘的尖端技术。哪怕将范围限定在汽车领域，本田的技术优势也不胜枚举，包括源自F1的模拟技术[2]和"本田e"搭载的AI。

1　一级方程式赛车锦标赛。——译者注

2　如运用数字模型进行分析。

2020 年 10 月本田发布的量产型电动汽车"本田 e"

　　本田在组织层面也是个性鲜明。负责车辆生产销售的是"本田技研工业",负责技术研发的则是独立在外的"本田技术研究所"。任命高管的思路也很简单明快:选工程师,尤其是开发过发动机的工程师,因为发动机是汽车制造商的核心竞争力。前任社长伊东孝绅和现任社长八乡隆弘虽然都出自非发动机部门,但本田原本是一家技术导向型企业,非常重视技术(2021 年 4 月,曾任职于发动机部门的三部敏宏就任社长)。

然而，正如本书反复强调的那样，汽车制造商所需的技术将随着 CASE 时代的到来发生剧变。也正因为如此，本田这种素来注重发动机技术的制造商才更需要大幅度的转型。亟须改变的又岂止是技术，还有企业文化和每一位员工的观念。

由于四轮车业务情况严峻，本田技术研究所被并入了本田技研工业。不仅如此，本田打破了四轮和两轮业务部门之间的壁垒，将网联服务与 MaaS 的战略规划、开发和业务推进等职能整合起来，新设"移动服务事业本部"，同时在日本国内新成立了专注移动出行业务的"本田移动出行解决方案有限公司"。总而言之，本田的大规模组织结构调整才刚刚开始。

怎样开发 L4 级别以上的自动驾驶技术

纵览本田这家企业的技术，便不难发现它在发动机研发领域出类拔萃。但也正因为本田是有能力开发混动系统的，所以长久以来表现出了轻视电动汽车的倾向（对发动机研发的自豪感恐怕也在其中发挥了一定的作用）。不过本田的燃料电池汽车成本很低，生产效率卓越。通过 F1 积累起来的模拟技术和全球首款 L3 级自动驾驶量产车也足以体现出本田在算法开发方面有着过人之处。

问题在于，本田能否继续走独立路线？

本田已经实现了可以"脱眼"的 L3 级自动驾驶，即"自动驾驶系统在特定条件下执行所有驾驶任务，紧急情况下由驾驶员操控"，技术实力可见一斑。但如果要更进一步，实现可以"脱脑"的 L4 级自动驾驶，即"所有环节均由自动驾驶系统把控，出现紧急情况也不例外"，就势必要投入庞大的研发经费。放眼全球车企，本田的规模只能算中等。这样一家汽车制造商独立开发如此高水平的技术，定会遭遇投资和人力方面的难题。

与本田有技术合作关系的通用汽车以天价收购了专注自动驾驶的初创企业 Cruise（详见第二章），本田也宣布将向 Cruise 注资 27.5 亿美元。在 L4 级别以上的自动驾驶领域，本田也许会更倾向于依赖 Cruise 的技术。

对今后的本田而言，最重要的莫过于在守住制造基本理念的同时回归本田商业精神的本质，开发注重用户体验的产品和服务。

创始人本田宗一郎曾说，"研究所不是研究技术的地方，而是研究人的地方"。始终以人为本，让技术为生活服务——创始人的慧眼在此体现得淋漓尽致。

"比自行车更轻便好骑"是本田在 1953 年推出的两轮车"Benly"[1]的基本理念。这一理念在本田代代传承，催生出了商用电动踏板车"Benly-e"。在不远的未来，安装在智能手机里的应用程序和一键叫车的网约车服务都会变得更加"便利"。本田的工程师们是那样优秀，只要他们绞尽脑汁，就定能开发出"数字时代的Benly"。

继续走独立路线也绝非上策。本田应该想办法摆脱"中型企业"的地位。

果断将四轮车业务转让给和本田有资本合作的通用也是一个选项，只要高层判断这么做有益于自企发展即可。昔日的核心竞争力，即发动机开发部门既能够以"负责本田的开发工作"为前提独立出来，同时也能够为其他汽车和船舶制造商开发发动机。在 20 年内收回投资成本，到 2030 年开发出终极高效发动机，完美谢幕。将转让四轮车业务获取的资金用于联合日本的其他两轮车制造商，创造压倒性的优势——希望本田能拿出这样的气概强势转型，推行大刀阔斧的改革。

本田和通用也确实在深化合作关系。2020 年 4 月，双方宣布

1　发音同日语"便利"。——译者注

在电动汽车领域开展合作。同年9月又签署了谅解备忘录，计划在北美市场以联盟的形式为各自的品牌开发车型。双方早已在开发燃料电池汽车等方面建立合作关系，而这一系列的举动进一步扩大了合作范围。合作的最大亮点当属联合开发搭载锂电池包"Altium"[1]的电动汽车。说白了就是通用提供电动汽车平台，本田负责内饰外观，最后由通用生产销售。也许平台共享的尽头是双方的整合……虽然这只是我的主观臆测，但今后的汽车行业发生什么事都不足为奇。

案例研究4

大型零部件制造商

车企统治汽车行业的日子早已一去不复返。这意味着原本扮演分包商角色的大型零部件制造商（T1供应商）也将迎来一段动荡时期。电装、爱信等日本大型零部件制造商也无可避免。

德国零部件巨头纷纷脱胎换骨，只为在新时代杀出一条

1　通用与韩国LG合资开发的车载锂电池包。

活路。第四章有关于这方面的深度剖析，为避免重复，不再赘述。日本人总是将大陆集团和轮胎制造商联系在一起，殊不知在过去的20年里，它已转型为综合供应商，可以提供电动出行、自动驾驶和智能互联等方面的最新技术。

在爱信看来，最大的竞争对手就是采埃孚。采埃孚长期专注于生产齿轮和变速器，在这方面与爱信规模相当。2015年，采埃孚收购了美国的天合汽车，迅速转型为提供自动驾驶系统和智能互联功能的新生代移动出行企业。在2021年的CES上，采埃孚宣布将为车企提供开放式软件平台。现有车辆一般要配备100多个电子控制单元（ECU），各自以不同的软件驱动，这就是传统的"分散型"架构，而采埃孚推出的新平台则是"集成型"。采埃孚的构想是开发中间件并提供给汽车制造商，以便将车载应用和硬件串联起来。如此一来就能像iOS系统那样，开发出纷繁多样的车载应用程序。

法国的法雷奥（Valeo）与西门子在AI计算领域开展合作，并专注于高压混动等电动化技术。博世则致力于构建结合网络和AI的"AIoT"，将业务扩大到了AI和智慧城市领域。总而言之，外国的大型零部件制造商都在加速转型。

两个课题

相较之下，不得不说日本零部件巨头的行动十分缓慢。电装在规模上与博世和大陆集团不相上下，表现出的活力却远不及后者。

问题恐怕就出在"丰田系"这个概念上。众所周知，电装和爱信都是丰田系的企业。说得极端点，它们只要按丰田的要求制造产品就足够了，因为丰田一家的订单量已非常可观。长久以来，这种与车企休戚与共的结构一直是电装、爱信等零部件制造商的优势，但这条路已经走到了尽头。今后需要积极主动地牵手与自企有着不同优势的玩家。"如何打破阵营的壁垒"是摆在日本大型零部件制造商面前的一大课题。

同属丰田阵营的电装和爱信近期有联手研发电动汽车技术的动向，但在外人看来，它们似乎对"从丰田系之外引进技术"和"与丰田系之外的企业开展合作"有些却步不前，也不像欧美的大型供应商那样积极并购或投资初创企业，坚持自主开发技术。投入大量的时间和资金开发出一项不得了的技术，但技术本身与时代和市场需求是脱节的，这就必须毅然抛弃，可又舍不得，其结果就是业务无法落地。

其实电装这个规模的大企业完全可以通过投资和收购初创企业获得新的优势，不是非得自行培养软件工程师。以电装、爱信为首的四家丰田系企业合资创办了 J-QuAD DYNAMICS，号称要发挥各自在自动驾驶和车辆控制方面的优势，打造安全舒适的移动出行社会。但是放眼未来，恐怕也应该将跨阵营的业务资本合作纳入视野。

看丰田脸色的时代已经结束了

爱信的规模不及电装，但在全球市场的知名度更高。因为它在变速器（尤其是前轮驱动变速器）领域拥有全球领先的市场份额。由于爱信在 20 世纪 70 年代与博格华纳（Borg Warner）有过合作，欧美车企长期采用爱信的变速器，说"爱信缔造了世界标准"都不为过。换句话说，爱信有足够的潜力在国际市场一战。但是如前所述，其竞争对手采埃孚收购了在执行器和传感器方面具有优势的天合汽车，华丽转型为自动驾驶和车载软件服务商。相较之下，爱信的表现着实逊色不少。

爱信自己肯定也深刻认识到了这一点。2018 年上任的伊势清贵社长在巴黎车展上高调宣布，标致雪铁龙集团（当时的名称）的电动化转型之作 DS 7 CROSSBACK E-TENSE 采用了爱信的变速器。除此之外，爱信也在尝试提供前所未有的解决方案，比如驾驶员监控系统。但正如本书开头所提到的那样，爱信目前只侧重 CASE 中的智能化和电动化，感觉不到打算为重要程度不断上升的网联化和共享化 / 服务化提供平台和解决方案的意图。

恕我直言，电装和爱信已经没有闲工夫再看丰田的脸色了。当然，这话并不是"应该和丰田一刀两断"的意思，但不得不说，唯丰田马首是瞻的时代已经一去不复返了。今时今日，零部件制造商也应该从自己的角度把握社会问题，与针对这些问题提供商品和服务的初创企业合作，怀着永不知足的精神开发着眼未来的技术。

接下来的内容将点明日本汽车行业在面对全球竞争时的"薄弱环节"。以下五点既是日本汽车行业未来发展的劣势，又是其迟迟无法做出重大改变的原因所在。

挑毛病当然不是最终目的，不过我们确实有必要分析日本的行业现状，并认识到问题所在。对照全球汽车行业的发展趋势，留给日本的时间恐怕已经不多了，但倘若能够对以下五点进行改善，日本汽车行业还可以与全球列强一战。

日本汽车行业的"薄弱环节"①
造物信仰

日企普遍崇尚"造物"。当然,这本身并不是一件坏事,可要是太想造出卓越的商品和技术,这个念头就会上升到"目的"的高度。这种本末倒置的例子比比皆是。

造物确实有趣,也容易收获好评。即便项目以失败告终,也能向公众展示努力的过程。问题是,这就足够了吗?

在 CES 和欧美的车展仔细观察一番,你就会注意到日本车企和外国车企的布展思路有很大的不同。日企倾向于展示自家的产品(东西或技术)是多么出色,而外国企业(尤其是欧洲企业)更倾向于展示、介绍自己的"世界观"。引进智能互联、自动驾驶等新技术将如何改变人们的乘车体验和生活方式?越来越多的外企开始侧重于相关的愿景和具体用例,将布展重点从"如何造车"切换成了"基于汽车的解决方案和移动出行产业的愿景"。

这并非汽车行业独有的问题。传统的日本制造业致力于培养用自己的双手造物的人才,以"培养出造物专家"为荣。但比起专注于"物"本身,构思能将"物"用到极致的平台才是更符合时代要求的技能。具体而言,就是先把握全局,然后在利用现有技术的同时开发新技术，搭建整个平台。这种技能的评价标准与日本传统制造业所擅长的"造物"截然相反。搭建这样的平台往往需要很长的时间才能实现商业化，也很难做出肉眼可见的成绩。在日本，文科和理科之间存在很高的壁垒，"通才"不受重视，也不容易培养出来。可要是不能培养出大批能在设计和建立平台时俯瞰全局的人才，日本企业就很难在世界大舞台上脱颖而出。

传统的人事制度和评价体系也必须改变

随着社会的成熟和生活便利度的上升，无法仅凭开发某种东西来解决的问题会越来越多。正如前言中提到的那样，直面社会问题，深入思考人们想要什么，再将其落实到功能和造物中，也就是"设计思维"（Design Thinking）在今后将变得越发重要。为生活增光添彩的创新也诞生于这个过程之中。

日本车企率先开拓创新的例子不胜枚举。比如，美国加利福尼亚州在 20 世纪 70 年代制定了非常严格的尾气排放标准，美国车很难达标。本田却看准机会，率先开发出低污染的 CVCC 发动机，搭载这款发动机的本田思域横扫了美国市场。此事也给全世界留下了

"日本车环保省油"的印象。到了70年代末，日本车在北美市场的份额飙升至20%。

照理说，日本车企仍有开拓创新的潜力。但在采访的过程中，我并没有感觉到它们对"用自己的双手创造汽车行业的新未来"有多少热情。

这并非汽车行业独有的问题。"眼下最受瞩目的技术是什么？""什么技术能在未来一击制胜？"和日本制造商的员工交流时，最常听到的就是这样的问题。而且许多人有所谓的"路线图信仰"，试图以某种特定的技术为起点，制订未来的商业计划。日本的技术实力很强，工程师个个优秀，但提出这样的问题，就说明他们还站在"技术"和"造物"的角度审视自己的工作，而今后更需要的是"以客户价值而非自企技术为起点的思路"，以及"将社会问题、用户需求和现有技术联系起来，创造服务和支持服务的技术"的能力。

日本汽车行业应该大力培养富有设计思维、立足社会问题的人才。要实现这一目标，就必须将侧重点从造物转向创新，人事制度和评价体系也要随之调整。

日本汽车行业的"薄弱环节"②
坚持垂直整合

在专注制造的时代，基于垂直整合组织的统一指挥系统确实可以高效运转。这种商业模式整合了从产品开发到生产销售的所有环节，特别适合"开发新车"这样的业务，因为此类业务离不开集团内部的密集沟通和严格的成本控制。而且日本人普遍做事踏实，擅长团队协作，与垂直整合模式的契合度很高。这种模式也有利于积累技术和保守机密。

但随着水平分工模式的崛起，"将制造的各个环节交给相应的专家，自企只专注核心和需要经验知识的部分"这一商业模式已经席卷整个行业。如前所述，日本家电行业就是因为没赶上这波潮流才会一败涂地，而 CASE 带来的产业结构变化也将"模块化"的巨浪推向了汽车行业。将构成产品的元素按功能划分成若干标准单元（模块），就更容易向外部制造商订购各个模块了，这就是所谓的模块化分工。

汽车的产品组合比家电更为宽泛。再加上乘用车不仅是"交通工具"，还有很强的"个人爱物"属性，设计和营销颇受重视，且乘用车往往采用多品种小批量生产的方式，所以模块化能带来降低生产成本等一系列好处。除少数豪车品牌，"车"这种商品的平价化不过是时间问题，而模块化分工也符合这一趋势。

大众和丰田都是大力推进模块化的典型。

大众开发了"MQB"模块化平台[1]，像拼乐高积木一样组合通用部件，但与此同时也保留了一定的设计自由度。

丰田紧随其后，推出 TNGA[2] 平台。这款平台考虑到了最佳驾驶位置和低重心带来的驾驶稳定性。平台、动力总成系统、电子电气系统乃至原厂机油都实现了模块化，按照 TNGA 标准进行设计。

但截至目前，我们还很难说 MQB 和 TNGA 已经享受到了模块化的益处。原因在于，虽然各个元素都像乐高积木那样实现了模块化，但各个模块到头来还是由自企或下属的部件制造商生产。换言之，产业结构仍维持垂直整合，只是在开发过程中采用了水平分工而已。

当然，"水平分工"是手段而非目的，所以只要存在合理性，就可以继续选择垂直整合。但日本汽车行业也需要保有"脱离垂直整合"的选项，否则就很难摆脱遵循传统经验的造物模式，也很难

1　车身的基本框架。

2　Toyota New Global Architecture，丰田新全球架构。

基于用户体验自由发散思维，进而开拓创新。

　　基于水平分工的商业模式也有助于听取外部的声音，形成创新的土壤，孕育未知的商品和技术。即便没有出众的制造技术，没有雄厚的资本或组织，只要从用户体验的角度提出新概念，就有可能将前所未有的创意化为现实。"GoPro"的创始人爱好冲浪，所以从运动爱好者的角度开发了这款产品。"Insta360"的创始人是视频创作者，这款相机就是从打造视频的角度而来。有了水平分工模式，哪怕你缺乏制造领域的经验知识，只要创意本身够好，也完全有可能打造出热门产品。

日本汽车行业的"薄弱环节"③
闭门造车

　　"坚持垂直整合"的深层心理就是闭门造车，万事靠自己。上文提到了大众的 MQB 平台，并指出它没有实现真正意义上的模块化分工。不过大众也承认了这方面的错误，并在新的经营计划中强调将大力纠错。

　　闭门造车已经不符合时代大潮了。要想真正摆脱这种思维，就不能拘泥于自企的业务领域和技术，必须和专长不同于自己的玩家积极合作。而且合作对象不能仅限于国内，还要放眼国外。

传统日企有个通病，那就是抵触与外国企业合作。铃木和大众在 2009 年宣布进行资本业务合作，可不到两年就一拍两散。大众也许是因为在小型车上连连碰壁，想通过结盟获得铃木在这一领域的经验知识，此外铃木在印度的销售网对大众也颇具吸引力。然而，大众在结盟后表示有意增持铃木股份，铃木就主动提了"离婚"。

在日本人眼里，铃木的选择堪称美谈。然而站在全球角度看，我们不应该把"企业之间的资本合作"看成"一夫一妻制的婚姻关系"。就算加入了某个集团，也可以在保证一定独立性的前提下融入集团的整体战略，这样才更能创造协同效应。"关键技术共享，设计和营销则分别进行，保持每个品牌的独立性，同时通过合理的投资激发协同效应"早已是汽车行业的常识，在想要开展合作的业务领域牵手外国企业即可。认为加入某个阵营就跟它绑定了，只能和它同生共死，那未免也过于死板。

而且今时今日，收购也不等同于"恶意收购"。很多日本人对"收购"抱有负面印象，一听到这个词就联想到"秃鹫基金（主导的恶意收购）"，但今天的收购更偏向于"亦敌亦友的成员在同一业务环境下通力合作"，收购方与被收购方都应该把自己看成生态圈的一部分。从 5G 到云计算，从车载半导体到传感器……后 CASE 时代需要当前汽车行业所没有的各种关键技术，甚至需要创造运用这些技术为消费者提供价值的商业模式。日本车企自不用说，其他国家的车企也没有这方面的技术和策略储备。我们不得不说，在原有阵营中搞定一切的可能性微乎其微。

与外企的合作频频碰壁的原因

如果与外企的资本合作或收购是由日企主导的，那失败的案例就更多了。问题往往出在并购后整合的失败，即无法最大限度地发挥并购后的整合效果。整合不仅要落实到财务层面，还要落实到 IT 系统和人事制度上，提升管理效率，只有这样才能获得理想的效果。

失败也存在若干种模式。其一，事先考虑得不充分，导致双方的业务体系在合作或合并后相互蚕食。其二，日本的人事制度和工资体系严重加拉帕戈斯化[1]，明确的个人业务领域、量化的人事考评制度在西方早已是常识，在日本却比较模糊，导致海外人才难以融入组织。

1　日本的商业用语，意为"在孤立环境下的独自进化"。由于这种"孤独的"进化缺少与外部环境交互的适应性，一旦受到外部的强烈冲击，可能会陷入被瓦解和淘汰的危险境地。——译者注

欧洲、美国和中国的企业则更善于主动与外部合作。它们会在确立商业愿景后仔细考虑能否自行开发必要的部件和材料，以及所涉及的成本和时间因素，然后视需要收购拥有必要功能的企业、与相关企业开展合作或建立合资企业。具体的事例详见第二章至第五章。

如果日本汽车行业继续走"万事靠自己"的路线，各方面的风险都会直线上升。业务领域可能会严重受限，好不容易开发出来的技术可能已经落后于时代，或由于生态圈过于分散无法商业化。请允许我再强调一下，在新时代开拓业务的步骤依序应该是：①瞄准社会问题和挑战；②明确解决这些问题的理念；③专注研发有望成为核心竞争力的技术；④其他方面与国内外其他企业合作或收购。只有建立起这样一套发展体系，才有可能开拓为社会所需要的业务。

日本汽车行业的"薄弱环节"④
忽视电气、材料和 IT 工程师

在日本汽车行业，工程师也分三六九等。位于金字塔顶点的是参与制造发动机的工程师，也就是所谓的"发动机专业户"。

车内的空间有限，却塞满了各种各样的机械。负责车身、变速器、电气系统的工程师不得不拼命"抢地盘"。但发动机才是业界公认的"最有价值的部件"，所有布置都是围绕着发动机确定的，于是负责各项机械的工程师也自然而然分出了尊卑。

本田的情况就非常典型，其掌舵人一直都是"发动机专业户"。当然，我们也不能一概而论，说这样就一定不好。有发动机背景的人当上一把手，说明这个人本身非常优秀，而同事们对他的尊敬也能让他在方方面面发挥出协调者的作用。

然而，全球汽车行业正在大幅转向电动化，工程师们也迎来了一场结构性转变。说得再具体些，长久以来在业内不受重视的电气、材料工程师的重要程度正在不断增加。

原本在汽车制造商里挑大梁的是弱电[1]设计师和工程师，但随着混动汽车和电动汽车的发展，强电[2]工程师、以弱电控制强电的工程师的作用将变得越来越重要。

材料领域也是如此。因为要强化车身，搭载最新的传感器和自动驾驶系统，车变得越来越重是必然趋势。再加上对油耗和排放量的要求，减轻车身重量已成为业界的重要课题。因此欧洲在大力开

1　主要是和通信、控制有关的领域，即电子工程。

2　主要是将电用作能源的领域，即电气工程。

发铝碳复合材料等轻质材料。比如奥迪就建立了"轻量设计中心"，开始运用碳复合材料、镁合金等特殊材料。换句话说，电气与材料在汽车行业中的重要性将会与日俱增。

至于"软件专业户"IT工程师，甚至还没有被纳入日本汽车行业的等级体系中。要知道，在即将到来的智能互联和自动驾驶时代，IT工程师显然将成为汽车行业不可或缺的力量。

在我看来，日本汽车行业需要反思对电气、材料和IT工程师的轻视（尽管这种轻视可能不是企业故意为之，但这种文化依然存在）。可能是因为我（川端）有工程类工作背景，每次采访日本车企，都能感觉到某种以发动机专业户为中心的"机械工程师至上主义"。

假设一位优秀的电气工程师从电机制造商跳槽去了汽车制造商，本以为自己会被分配到动力总成系统的核心部门，发挥在混动控制方面的优势，谁知最终却被分配到发动机辅助设备部门，而发动机仍是雷打不动的主角……这实在是大材小用。材料领域就更夸张了，部分车企仍停留在眉毛胡子一把抓的阶段，铁以外的新材料全都混在一起。哪怕高分子材料和铝等轻质材料近来备受关注，专注这些领域的工程师仍未能出头。

当务之急是纠正"机械工程师至上主义"

　　IT 工程师的处境更加艰难。照理说他们在各行各业都是香饽饽，可一旦进入车企，他们就会发现最有话语权的终究是"机械工程师"，其他工程师则忙着抢地盘。然而软件不占空间，所以连参与斗争的资格都没有。IT 工程师开发的明明是自动驾驶这样的尖端技术，但和"发动机专业户"相比，他们在企业内部的地位着实不高，处处抬不起头。他们中的一部分完全可以跳槽去其他 IT 行业，说不定能享受更高的薪酬和待遇。汽车生产商的待遇能否留住高质量的 IT 工程师？我们不得不打个问号。日产启动了一项内部转岗计划，鼓励员工转做 IT 工程师。但换个角度看，这也许意味着单靠外部引进（IT 工程师）已经不够用了。

　　欧洲汽车制造商内部也有过机械工程师呼风唤雨的时代。直到今天，机械工程师仍有一定的话语权。但欧洲汽车制造商在随着时代新趋势不断转型也是不争的事实。

　　大众的首席数字官（CDO）刚上任时不过 40 多岁，宝马的CTO 虽是"发动机专业户"出身，但熟知通信和 IT 技术，与英特尔、无比视（Mobileye）的高管聊起来也是有来有往。而且最近有大量爱立信、黑莓出身的工程师跳槽去宝马，在业界引发热议。戴姆勒则是将智能互联方面的决策权下放给硅谷子公司，德国总部专注汽车技术。对照欧美等国的种种举措，便知纠正日本汽车制造商的"机械工程师至上主义"是多么迫切的课题。

日本汽车行业的"薄弱环节"⑤
不愿为"无形之物"掏钱

常有日本业内人士在发言中将 GAFA 形容成"竞争对手"。GAFA 在自动驾驶汽车和电动汽车方面确实开展了积极的研发和投资，生出竞争意识实属正常。可 GAFA 究竟是怎么想的呢？

"造车有产品责任相关法规管着，风险太高了，我们可不想碰。"

"得一辆一辆造出来卖，效率也太低了。"

这恐怕才是 GAFA 的心声。换言之，它们对造车本身并没有兴趣。它们瞄准的不是车，而是随智能互联和自动驾驶而来的服务、信息、数据和软件。日本车企却（似乎）仍痴迷于制造，认定了"不造东西就赚不到钱"。倘若真是如此，不妨从相反的角度想一想："为什么不继续造东西就赚不到钱？"低头看看脚下，你就会发现自己只看到了"有形之物"的价值。

不肯为"无形之物"果断掏钱也算是日本制造业的通病了。无论有形无形，引进所带来的成果才是最要紧的，但部分日企仍未摆脱落后的思想，对购买服务和软件犹豫不决，因为"无形之物"无法二手转售。

对服务、信息、数据和软件的需求定会随着时代的发展不断增加，相关的商业模式也会迎来更多的机遇。如果一家企业不能或不愿为"无形之物"掏钱，它的路就会越走越窄。汽车行业也不例外。

不肯为服务、信息、数据和软件支付合理的费用，就很难与以GAFA为首的互联网行业平等地开展业务。毕竟收集信息、构建网络都需要成本，大力援助那些能够支持和扩大自企业务的服务商也很有必要。

在数字互联时代，"公开管理数据，通过与其他企业合作分享数据，酌情提供反馈以提升平台的易用性，并提高整个生态圈的价值"将会是广泛普及的商业模式。对于汽车行业来说，上述商业模式的一种表现形式就是互联时代的移动出行服务。

不摆脱对"无形之物"的偏见，就无法跟上生态圈中日益激烈的生存竞争。

忠言逆耳利于行。我相信，只要能改善本章后半部分所列举的五个薄弱环节，日本车企定能凭借各自的卓越技术，在世界大舞台上与各国一战。

后　记

■ 桑岛浩彰

　　侧重日本、走遍全球的汽车记者川端由美和立足硅谷、深度观察全球汽车行业结构变化的本人（桑岛浩彰）在本书中论述了瞬息万变的全球汽车行业，并向迫切需要变革的日本汽车行业大胆提出建言。坦率地讲，我的写作动机就是面对日本汽车行业时心中产生的危机感。

　　就在我写这篇后记的时候，业内也是新闻迭出。富士康以"代工厂"的定位入局电动汽车市场，外国的电池（电动汽车的关键部件）工厂扩大生产线……正如川端在前言中所说，在汽车成为"oT"的一部分时所需要的核心技术领域，日本领先全球的部分是少之又少。可日本汽车行业对变革的反应十分缓慢，还试图在维持传统供应链结构的前提下面对这波巨浪。身为汽车行业的从业者，我也清楚本书的内容可能引发种种批评，但还是无可奈何地提起了笔。

我出生于 1980 年，上小学时恰逢泡沫经济时代。还记得社会课的老师告诉我们，作为当时的世界第二大经济体，日本有汽车、电机、半导体、钢铁、造船、石油化工等具有国际竞争力的支柱产业。如何在日美贸易摩擦加剧的大环境下与世界各国和谐共处，便是那个年代的首要课题。谁知在 1993 年升入初中以后，我眼睁睁看着日本的支柱产业一个接一个丧失了国际竞争力，最终消费品"汽车"几乎成了唯一仍保有竞争力的行业。今时今日，连这根独苗都遭到了飞速发展的数字化和供应链水平分工的强烈冲击。

为日本提供就业岗位最多的就是汽车行业。为了维持汽车行业的竞争力，所有从业者都必须正视现实，否则就无法守住前辈们构筑起来的行业基础，更不必说将其发扬光大。日本汽车行业必须趁着还勉强拥有相对优势的时候奋发拼搏，不惜一切代价获得或开发出新一代移动出行产业所需的关键技术。至于现在该做什么，本书处处都有提示。

将目光投向日本之外，便不难看到欧美和中国的玩家在这场百年一遇的汽车行业变革中拼命转型的模样。受"岛国"这一属性的影响，日本的消息不那么灵通，在接收关于变革的信息时会不可避免地产生时间差（我在雪乡北陆[1]长大，对此深有感触）。但在行业高速变化的大环境下，这种时间上的滞后有可能造成致命的危机。日本汽车行业恐怕已经危在旦夕了——实不相瞒，站在日本之外观察汽车行业当前的变化速度时，我时常生出这样的感触。但只是长吁短叹，未免也太不负责任了。这份念想也是执笔的动机之一。

感谢搭档川端由美和讲谈社现代新书总编辑青木肇对我多次拖稿和日程变更的包容。感谢山本康正先生为我创造了执笔本书的契机，感谢汽车行业顾问贝濑齐先生的指点，感谢 DANNY Pro.（板谷工作室）的板谷俊辅先生对中国汽车行业的部分提出宝贵建议。感谢安田敦子女士、株式会社 N&S Partners 的加藤秀行先生和宫泽亨先生、Conductive Ventures 的保尔·耶先生及和泉亚弥沙女士在我写作期间的鼎力相助。还要感谢 VISITS Technologies 的井上贵先生和经济产业省硅谷 D-Lab 项目的成员激发了我对汽车行业的浓厚兴趣。感谢加利福尼亚大学伯克利分校哈斯商学院的约翰·梅茨勒先生、斯坦福大学商学院的斯文·贝克先生和斯坦福大

1　日本本州岛中部靠日本海一侧新潟、福井、石川、富山四县的总称，传统上这一地区交通不发达，较为闭塞。——译者注

学亚太研究中心的栉田健儿先生在硅谷为我提供了绝佳的研究环境，为本书写作打下基础。同时感谢所有在撰写本书时接受我采访的国内外汽车行业从业者与政府官员，感谢他们的坦率意见。

最后，由衷感谢妻子麻子与儿子阳太郎对我放弃周末埋头写作一事的包容与支持，感谢父母、姐姐和岳家对异乡亲人的默默支持。

致　谢

■ 川端由美

感谢群马大学研究生院赋予我回归本质、深度思考的能力。感谢我毕业后应届入职的零部件制造商为我提供了学习"技术能如何为社会做贡献"的良机。尤其感谢研究生时代的恩师太田悦郎教授和荒井健一郎教授。感谢二玄社的前辈们帮助我迈出编辑生涯的第一步，特别是 *NAVI* 前主编（现为 *GQ JAPAN* 主编）铃木正文先生和 *CAR GRAPHIC* 前主编（现为 CAR GRAPHIC 社代表）加藤哲也先生。真想亲口向 *CAR GRAPHIC* 创刊主编小林彰太郎先生和我在 *NAVI* 编辑部时跟踪采访的德大寺有恒先生汇报本书出版的喜讯，可惜两位已不在人世。相信他们的在天之灵定会为我高兴，同时毫不留情地批评行文的拙劣之处。

成为自由记者后，是《日经汽车》前主编鹤原吉郎先生给了我第一个开设专栏的机会。多亏 Kiduki Architect 的代表长岛聪先生介绍了本书的合著者桑岛浩彰先生。由衷感谢两位多年来的悉心指导。

还要借此机会，向 20 多年来有幸采访过的汽车企业和零部件制造商表示最深切的谢意。还请各位理解，书中的种种直言不讳，都是出自我对汽车的一腔热爱。虽然本书的原题是"日本车能否生存下来"，但欧美汽车制造商的立场也并无不同。对长在乡下的我而言，车就是了解世界的窗户。我在斯巴鲁的大本营长大，一心想从事汽车行业，所以上大学时选择了工学部。有幸圆梦后，我没有一天不惦记着汽车。

最后，由衷感谢母亲文子的大力支持。她在 16 岁时就考取了轻型车的驾照，并以到现场观看 F1 日本大奖赛为荣。没有她的体谅，我断然无法走到今天。儿子谦太郎并不痴迷汽车，却在我撰写本书期间考取了驾照。我正像母亲当年那样，手把手教他开车。殷切希望他在 1/4 个世纪后拿起这本书时，可以感受到从我那里继承的些许念想。

图书在版编目（CIP）数据

车到山前：全球产业变革与日本汽车的未来 / (日)
桑岛浩彰, (日) 川端由美著；曹逸冰译. -- 北京：社
会科学文献出版社, 2024.4
  ISBN 978-7-5228-3015-5

Ⅰ. ①车… Ⅱ. ①桑… ②川… ③曹… Ⅲ. ①汽车工
业－经济发展战略－研究－日本 Ⅳ. ①F431.364

中国国家版本馆CIP数据核字（2024）第009331号

车到山前：全球产业变革与日本汽车的未来

著　　者 / 〔日〕桑岛浩彰　川端由美
译　　者 / 曹逸冰

出 版 人 / 冀祥德
组稿编辑 / 杨　轩
责任编辑 / 胡圣楠
文稿编辑 / 公靖靖
责任印制 / 王京美

出　　版 / 社会科学文献出版社（010）59367069
　　　　　　地址：北京市北三环中路甲29号院华龙大厦　邮编：100029
　　　　　　网址：www.ssap.com.cn
发　　行 / 社会科学文献出版社（010）59367028
印　　装 / 三河市东方印刷有限公司

规　　格 / 开　本：889mm×1194mm　1/32
　　　　　　印　张：7　字　数：125千字
版　　次 / 2024年4月第1版　2024年4月第1次印刷
书　　号 / ISBN 978-7-5228-3015-5
著作权合同
登 记 号 / 图字01-2023-4036号
定　　价 / 69.00元

读者服务电话：4008918866